Mapa do Céu

DR. EBEN ALEXANDER III

MAPA *do* CÉU

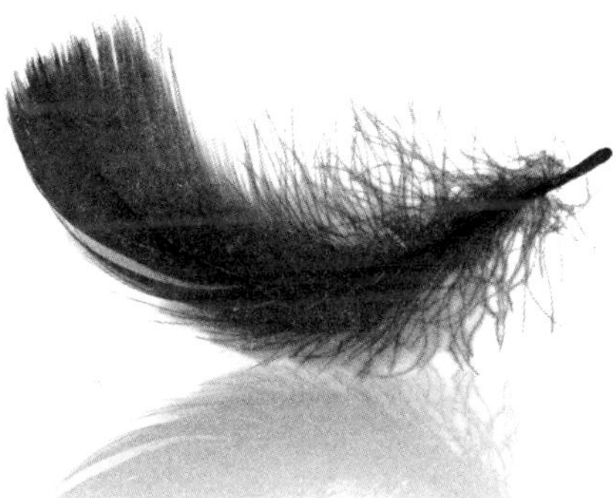

SEXTANTE

Título original: *The Map of Heaven*

tradução
Fabiano Morais

preparo de originais
Alice Dias

revisão
Clarissa Peixoto e Flávia Midori

adaptação de projeto gráfico e diagramação
DTPhoenix Editorial

capa
Miriam Lerner

imagem de capa
Mexrix/Shutterstock

impressão e acabamento
Cromosete Gráfica e Editora Ltda.

CIP-BRASIL. CATALOGAÇÃO NA PUBLICAÇÃO
SINDICATO NACIONAL DOS EDITORES DE LIVROS, RJ

A367m Alexander, Eben
Mapa do céu / Eben Alexander, Ptolemy Tompkins; tradução de Fabiano Morais; Rio de Janeiro: Sextante, 2014.
144 p.; 14 x 21 cm.

Tradução de: The Map of Heaven
ISBN 978-85-431-0158-3

1. Espiritualidade. 2. Fé. 3. Religião e ciência. I. Tompkins, Ptolemy. II. Título.

CDD: 133.9
14-16531 CDU: 133.9

GMT Editores Ltda.
Rua Voluntários da Pátria, 45 – Gr. 1.404 – Botafogo
22270-000 – Rio de Janeiro – RJ
Tel.: (21) 2538-4100 – Fax: (21) 2286-9244
E-mail: atendimento@esextante.com.br
www.sextante.com.br

Para todas as almas corajosas cujos corações apaixonados anseiam por descobrir a verdade sobre a nossa existência.

SUMÁRIO

INTRODUÇÃO

Sou filho da terra e do céu estrelado,
mas minha verdadeira raça é celestial.

– Trecho de um texto da Grécia Antiga dando instruções às almas dos recém-falecidos sobre como se orientar na vida após a morte

Imagine o casamento de dois jovens. A cerimônia já acabou e estão todos reunidos nos degraus da igreja para uma foto. Mas, neste momento em particular, o casal não percebe as outras pessoas. Os dois estão concentrados demais um no outro. Ele olha fundo nos olhos dela, ela olha fundo nos olhos dele – as janelas da alma, como disse Shakespeare.

Fundo. Uma palavra curiosa para caracterizar uma ação que, na verdade, sabemos que não tem profundidade nenhuma. A visão é um fenômeno físico. Fótons de luz atingem a retina na face interna do olho, a meros 2,5 centímetros atrás da pupila; a informação que eles trazem é traduzida em impulsos eletroquímicos, que são enviados pelo nervo ótico até o centro de processamento visual na região posterior do cérebro. Trata-se de um processo inteiramente mecânico.

Mas é óbvio que todos sabem do que você está falando quando diz que está olhando fundo nos olhos de uma pessoa. Você está vendo a alma dela – aquela parte do ser humano à qual o filósofo grego Heráclito se referia cerca de 2.500 anos atrás quando escreveu: "Mesmo que viajasse para todo o sempre, você ainda não encontraria os limites da alma, tamanha é a sua profundidade e vastidão." Seja a profundidade real ou não, quando ficamos frente a frente com ela, é uma visão arrebatadora.

Vemos essa profundidade se manifestar de forma mais intensa em duas ocasiões: quando nos apaixonamos e quando testemunhamos a morte de alguém. A maioria das pessoas já passou pela primeira experiência, mas nem todas passam pela segunda, pois a sociedade mantém a morte o mais longe possível das nossas vidas. Mas quem trabalha em hospitais e asilos sabe do que estou falando. De repente, onde antes havia profundidade resta apenas a superfície. O olhar vivo – mesmo que a pessoa em questão fosse muito velha e seu olhar já estivesse fraco e vacilante – fica vidrado, sem brilho.

Então imagine novamente a noiva e o noivo olhando dentro dos olhos um do outro, perdidos nessa profundeza sem fim. Alguém aperta o botão da câmera. A imagem é capturada. Um registro perfeito de um par perfeito de jovens recém-casados.

Vamos avançar seis décadas. Imagine que o casal tenha tido filhos, e que estes tenham tido seus próprios filhos também. O homem da fotografia está morto, e a mulher vive em uma casa de repouso para idosos. Seus filhos a visitam com frequência e ela tem amigas na clínica, mas às vezes se sente sozinha. Como agora.

É uma tarde chuvosa e a mulher está sentada diante da janela, segurando o porta-retratos que abriga aquela foto do dia do casamento. Sob a luz cinzenta que vem lá de fora, olha para a imagem. A foto, como ela, passou por muitas coisas até chegar ali. Começou a jornada em um álbum de fotografias que depois foi dado para um dos filhos, em seguida emoldurada e levada para a clínica quando a mulher se mudou para lá. Embora frágil, um pouco amarelada e amassada, ela sobreviveu. A mulher vê a jovem que foi um dia, olhando nos olhos do marido, e lembra-se de que naquele instante ele era mais real do que qualquer outra coisa no mundo.

Onde está ele agora? Será que ele ainda existe?

Quando está bem, a mulher sabe que sim. É claro que o homem que ela amou durante todos aqueles anos não poderia simplesmente desaparecer depois de seu corpo ter morrido. Ela sabe o que a religião diz sobre o assunto: seu marido foi para o céu – um céu no qual, graças a anos frequentando a igreja, ela diz acreditar. Embora lá no fundo não tenha muita certeza.

Em dias como hoje, ela tem dúvidas. Pois também sabe o que a ciência diz sobre o assunto. Sim, ela amava o marido. Mas o amor é uma emoção, uma reação eletroquímica que acontece no fundo do cérebro, liberando hormônios no corpo, ditando nossos humores, dizendo-nos para ficar felizes ou tristes, alegres ou desolados.

Em suma, o amor não é real.

O que *é* real? Bem, isso é óbvio. As moléculas de aço, cromo, alumínio e plástico da cadeira em que ela está sentada; os átomos de carbono que compõem o papel da foto que ela tem em mãos; a madeira e o vidro do porta-retratos que protegem a fotografia. E, é claro, o ouro da aliança de casamento. Tudo isso sem dúvida é real.

Mas, e o laço de amor perfeito, pleno e eterno entre duas almas imortais que aquele anel deveria simbolizar? Bem, isso não passa de romantismo bobo. Matéria sólida e palpável: isso sim é real. É o que diz a ciência.

Sua verdadeira natureza está dentro de você.

– Al Ghazali, místico islâmico do século XI

O radical da palavra *realidade* vem do latim *res*, que significa "coisa". As coisas em nossa vida, como pneus de carros, frigideiras, bolas de futebol e balanços de jardim, são reais para nós porque têm uma consistência que se confirma dia após dia. Podemos tocá-las, pesá-las, largá-las e, quando voltamos depois, elas continuam idênticas, exatamente onde as deixamos.

Nós também somos feitos de matéria. Nossos corpos são compostos de elementos como hidrogênio, o mais antigo e simples de todos, e outros mais complexos, como nitrogênio, carbono, ferro e magnésio. Todos esses elementos se formaram sob pressão e calor inconcebíveis, no coração de estrelas antiquíssimas, há muito mortas. Um núcleo de carbono possui seis prótons e seis nêutrons. Das oito posições em sua camada externa, quatro são ocupadas por elétrons e quatro estão vagas, de modo que outros átomos possam se conectar ao de carbono, ligando seus próprios elétrons a essas posições vazias. Essa estrutura específica permite também que átomos de carbono se interliguem a outros átomos de carbono de forma extraordinariamente eficaz. Tanto a química orgânica quanto a bioquímica dedicam-se a estudar de forma exclusiva as interações envolvendo esse elemento. Toda a estrutura química da vida na Terra é baseada nele. Devido às suas características únicas, quando os átomos de carbono são submetidos à alta pressão, unem-se com ainda mais força, perdem sua aparência negra e terrosa e se transformam no mais poderoso exemplo de durabilidade da natureza: o diamante.

Contudo, embora os átomos de carbono e os outros elementos que compõem a maior parte da nossa existência física sejam imortais, nossos corpos são extremamente transitórios. Novas células nascem enquanto as mais velhas morrem. A cada instante absorvemos matéria do mundo que nos rodeia e devolvemos matéria a ele. Em pouco tempo – um piscar de olhos em uma escala cósmica –, nossos corpos voltarão ao início do ciclo. Eles se reunirão ao fluxo de carbono, hidrogênio, oxigênio, cálcio e outras substâncias primárias que se formam e se desintegram interminavelmente aqui na Terra.

Até aí nenhuma novidade. A própria palavra *humano* vem do mesmo radical que *húmus,* terra. O mesmo vale para *humildade,* o que faz todo o sentido, uma vez que a melhor maneira de se manter humilde é ter consciência da sua origem. Muito antes de a ciência explicar os detalhes de como isso acontece, várias culturas ao redor do mundo já sabiam que nascemos da terra e que, depois de mortos, voltamos a ela. Como Deus fala para Adão – *Adamah,* "terra" em hebraico – no livro do Gênesis: "Tu és pó, e ao pó voltarás."

No entanto, nunca gostamos muito dessa ideia. Toda a história da humanidade pode ser vista como uma reação a essa aparente materialidade e aos sentimentos de angústia e incompletude gerados por ela.

A ciência moderna – de longe a mais poderosa resposta a essa inquietação milenar a respeito da mortalidade humana – é, em grande parte, uma evolução da técnica ancestral de manipulação de elementos químicos, chamada alquimia. As origens da alquimia se perderam ao longo da história. Há quem diga que ela surgiu na Grécia Antiga. Outros afirmam que os primeiros alquimistas viveram muito antes, talvez no Egito, e que o termo vem da palavra egípcia *Al-Kemi,* ou "terra negra" – supostamente em referência à terra escura e fértil das margens do Nilo.

Havia alquimistas cristãos, judeus, muçulmanos e taoistas. Estavam por toda parte. Independentemente de onde tenha surgido, a alquimia evoluiu para uma série de práticas complexas, mas a maioria envolvia transformar metais como cobre e chumbo em ouro. O principal objetivo da alquimia, no entanto, era recuperar a imortalidade que seus adeptos acreditavam que a humanidade um dia possuíra, mas perdera.

Muitos métodos usados pela química moderna foram criados pelos alquimistas, que costumavam trabalhar sob riscos consideráveis. Manipular elementos químicos é perigoso; além da ameaça de envenenamento e explosões, os alquimistas ainda precisavam enfrentar a oposição do poder religioso. Assim como a ciência que se originou a partir dela, a alquimia era, nos anos que conduziriam à Revolução Científica na Europa, uma heresia.

Uma das maiores descobertas dos alquimistas durante sua busca pela imortalidade foi que, quando você submete uma substância ao que chamavam de processo de "teste" – se você aquecê-la ou combiná-la a outro elemento com o qual ela reage, por exemplo –, ela se transformará em outra coisa. Como muitas outras dádivas do passado, esse conhecimento soa óbvio agora, mas porque não fomos nós que tivemos o trabalho de descobri-lo.

A primeira era foi de ouro.

– Ovídio, *Metamorfoses*

Por que os alquimistas se interessavam tanto pelo ouro? Um dos motivos é evidente: aqueles que não compreendiam o componente mais profundo por trás de sua atividade estavam simplesmente tentando ficar ricos. Mas os verdadeiros alquimistas estavam interessados no ouro por outra razão.

O ouro, como o carbono, é um elemento incomum. Seu núcleo é muito grande, com 79 prótons. Apenas outros quatro elementos estáveis são mais pesados do que ele. Essa enorme carga elétrica positiva faz os elétrons se moverem a uma velocidade excepcional – aproximadamente a metade da velocidade da luz. Se um fóton chegar à Terra vindo do Sol (o corpo celeste mais associado ao ouro em textos de alquimia), refletir em um átomo de ouro e atingir nossa retina, a mensagem que ele transmitirá ao nosso cérebro gerará uma sensação curiosamente agradável na nossa consciência. Os seres humanos reagem de forma intensa ao ouro, e sempre foi assim.

Esse metal impulsiona grande parte da atividade econômica no planeta. Ele é bonito e relativamente raro, mas não tem grande valor prático – pelo menos não se comparado ao valor que atribuímos a ele. Nós *decidimos* que ele é valioso; nada além disso. É por isso que os alquimistas, seja por meio de experiências ou das práticas espirituais que as acompanhavam, buscavam o ouro com tanta sofreguidão. Para eles, o ouro era a representação materializada da porção celestial do ser humano – a alma imortal. Eles procuravam resgatar o outro lado da humanidade, a face dourada que se une à face terrena para nos tornar aquilo que somos.

Somos metade terra e metade céu, e os alquimistas sabiam disso.

Nós também precisamos saber.

Aprendemos que qualidades como a "beleza" e o "brilho" do ouro não são reais. Nossas emoções, menos ainda. Todas essas coisas não passam de padrões reativos gerados pelo cérebro em resposta a mensagens hormonais enviadas pelo corpo, que por sua vez são reações a situações de perigo ou desejo.

Amor. Beleza. Bondade. Amizade. Sob o ponto de vista da ciência materialista, não se pode tratar nenhuma dessas coisas como realidade. Quando acreditamos nisso, assim como quando acreditamos que não existe sentido na vida, perdemos nossa conexão com o céu – o que alguns escritores antigos chamavam de a "linha dourada".

Acabamos nos tornando fracos.

Amor, beleza, bondade e amizade *são* reais. Tão reais quanto a chuva. Tão reais quanto manteiga, madeira, pedra, plutônio, os anéis de Saturno ou nitrato de sódio. No nível terreno da existência, é fácil perder isso de vista.

Mas o que você perde pode ser conquistado de volta.

Pessoas analfabetas podem ser ignorantes a respeito de várias coisas, mas dificilmente são "burras", pois, como dependem exclusivamente da memória, é mais provável que se lembrem do que é importante. As pessoas letradas, por outro lado, correm o risco de se perderem em suas vastas bibliotecas de informações registradas.

– Huston Smith, teólogo

Os seres humanos habitam a Terra em nossa forma moderna há cerca de 100 mil anos. Durante a maior parte desse tempo, três perguntas foram extremamente importantes:

Quem somos?

De onde viemos?

Para onde vamos?

Ao longo da história, nunca duvidamos da existência do mundo espiritual. Acreditamos que foi de lá que viemos e que é para lá que voltaremos.

Muitos cientistas acreditam que estamos prestes a saber praticamente tudo o que há para se conhecer sobre o Universo. Fala-se muito a respeito da "Teoria de Tudo", uma teoria que, como o nome sugere, terá todas as explicações.

Mas há algo de muito curioso: ela não inclui respostas para nenhuma das três perguntas acima, as que mais desejamos ver respondidas. A Teoria de Tudo simplesmente não faz menção ao céu.

Ora, por mais que saibamos que o céu, no sentido de "paraíso" atribuído a ele no Novo Testamento, não está *literalmente* lá em cima, muitos de nós ainda sentimos que existe uma dimensão mais elevada "acima" do mundo terreno. Quando uso a palavra "céu" neste livro e falo que ele está "acima" de nós, tenho perfeita noção de que ninguém acha que o céu está lá no alto ou que é aquele lugar eternamente ensolarado acima das nuvens. Estou me referindo ao vasto domínio espiritual que se estende além do plano terrestre e que faz a dimensão física se tornar, comparativamente, um mero grão de areia numa praia.

Mas há outro grupo em atuação que também acredita que estamos prestes a descobrir uma Teoria de Tudo. Só que essa teoria é bem diferente daquela que a ciência materialista acredita estar prestes a desvendar. Ela se distingue da outra em dois pontos essenciais.

O primeiro é a argumentação de que não podemos ter uma Teoria de Tudo se isso significar uma visão agressiva, materialista e baseada apenas em dados concretos.

O segundo é que ela leva em conta todas as três perguntas originais, primordiais e fundamentais sobre a condição humana.

> *Considero a consciência fundamental. Entendo que a matéria é derivada dela. Não podemos ignorar a consciência. Nada do que falamos, nada do que consideramos existir, pode prescindir dela.*
>
> – Max Planck, físico quântico (1858–1947)

No século XX, depois de três séculos de sucesso extraordinário, a ciência – em especial um ramo conhecido como física – teve uma surpresa. No âmago da matéria, em suas profundezas mais insondáveis, ela encontrou algo que não conseguia explicar. Pelo visto, a "matéria", aquela coisa que julgávamos conhecer tão bem, não era nada do que achávamos que fosse. Os átomos, aqueles pequenos objetos indivisíveis, sólidos como rocha, que a ciência acreditava serem os blocos de construção fundamentais do mundo, no fim das contas não eram tão sólidos, ou tão indivisíveis, assim. A matéria se revelou uma matriz espantosamente intrincada de forças imateriais superpoderosas. Não havia nada de *material* nela.

E a estranheza não parava por aí. Se havia algo que a ciência pensava compreender tão bem quanto a matéria era o espaço: ele era a área pela qual a matéria transitava. Mais simples impossível. Mas o espaço também não estava exatamente "ali". Pelo menos não da forma simples, direta e fácil que os cientistas entendiam. O espaço se curvava, se esticava. Estava intrinsecamente ligado ao tempo. Era tudo, exceto simples.

Então, como se já não bastasse, outro fator entrou em jogo. A ciência já o conhecia havia muito, mas até então apenas o ignorava. Embora os povos pré-científicos já o colocassem no centro de suas concepções da realidade e tivessem dezenas de palavras para descrevê-lo, a ciência só cunhou um termo para designá-lo no século XVII. Era a consciência – o fato simples, porém extraordinariamente complexo, de se estar ciente de si mesmo e do mundo ao redor.

A comunidade científica não tinha muita ideia do que era a consciência, mas isso nunca fora um problema. Ela era simplesmente deixada de lado, pois, por ser imensurável, não era "real". Mas experimentos de mecânica quântica realizados na década de 1920 revelaram que não só é possível detectar a consciência, como, num nível subatômico, era *impossível não fazê-lo*, uma vez que a consciência do observador influencia tudo o que ele observa. Ela era parte indissociável de qualquer experimento científico.

Essa foi uma revelação sem precedentes. Para o desgosto de muitos cientistas, que acreditavam estar prestes a explicar tudo no universo por uma perspectiva material, a consciência foi trazida para o centro das atenções e se recusou a sair dessa posição. À medida que os anos passavam e os experimentos científicos em nível subatômico ficavam mais sofisticados, o papel crucial da consciência nesses experimentos foi se tornando cada vez mais claro, ainda que ela permanecesse inexplicável. Conforme escreveu o físico teórico húngaro-americano Eugene Wigner:

"Não era possível formular as leis da mecânica quântica de forma consistente sem nos referirmos à consciência." O físico alemão Ernst Pascual Jordan coloca a questão da consciência de maneira ainda mais taxativa: "As observações não só afetam, como também produzem aquilo que observamos." Isso não significa necessariamente que criamos a realidade com a imaginação, mas sim que a consciência está atrelada à realidade de tal forma que se torna impossível concebê-la sem ela. A consciência é a verdadeira base da existência.

A consciência desempenha um papel crucial na determinação da natureza da realidade em desenvolvimento. Não há como separar o observador do objeto observado. A realidade descrita pelos experimentos de física quântica é contraintuitiva. Para alcançarmos uma compreensão e uma interpretação mais aprofundada disso tudo, teremos que reformular nossos conceitos de consciência, causalidade, espaço e tempo. Na verdade, será necessário aprimorar a física, de forma que ela abrace a realidade da consciência (alma ou espírito) como base de *tudo o que existe.* Somente assim poderemos transcender o enigma profundo no coração da física quântica.

> *Eu sustento que o mistério humano é relegado à obscuridade pelo reducionismo científico, com sua crença de que o materialismo pode ter uma resposta para tudo do mundo espiritual com base na atividade neuronal. Essa crença deve ser classificada como supersticiosa. Devemos reconhecer que somos seres espirituais com almas vivendo em um mundo espiritual, assim como seres físicos com corpos e cérebros vivendo em um mundo material.*
>
> – Sir John C. Eccles (1903–1997), neurofisiologista

Não podemos começar a descrever a natureza da realidade antes de termos uma visão mais clara da verdadeira natureza da consciência e de como ela se manifesta no reino físico. Faríamos enormes avanços nesse campo se os físicos também mergulhassem de cabeça no chamado "problema concreto da consciência". A essência dessa questão é que a neurociência supõe que o cérebro cria a consciência por meio de sua própria complexidade. Entretanto, não há como explicar isso. Na verdade, quanto mais pesquisamos o cérebro, mais percebemos que a consciência existe independentemente dele. Roger Penrose, Henry Stapp, Amit Goswami e Brian Josephson são alguns dos físicos notáveis que buscaram incorporar a consciência aos modelos da física, mas a maior parte da comunidade científica continua cega em relação aos níveis mais esotéricos de pesquisa.

> *No dia em que a ciência começar a estudar fenômenos imateriais, ela fará mais avanços em uma década do que fez em todos os seus séculos de existência somados.*
>
> – Nikola Tesla (1856–1943)

A nova teoria – este "Mapa de Tudo" de que sou partidário – irá incluir todas as descobertas revolucionárias que a ciência fez no século passado, principalmente aquelas sobre a natureza da matéria e do espaço e sobre a importância da consciência. Ela irá abordar o comportamento das partículas subatômicas, que, segundo o físico Werner Heisenberg revelou, nunca estão fixas, mas em estado constante de probabilidade estatística, de modo que podem estar aqui ou ali, mas nunca paradas em um ponto específico. Também levará em conta o fato de que um fóton (uma unidade de luz) pode se comportar como onda se o medirmos de tal maneira, e como partícula se o medirmos de outra, *sem nunca deixar de ser o mesmo fóton*. E também irá incluir descobertas como a de Erwin Schrödinger, segundo a qual o resultado de determinados experimentos subatômicos é determinado pela consciência do observador. Por exemplo: uma reação atômica desencadeada dentro de uma caixa lacrada três dias antes não se completará até que ela seja aberta e os resultados percebidos pelo observador. A reação atômica permanece em um estado de suspensão, ao mesmo tempo acontecendo e não acontecendo, até que a consciência entre em cena e a torne realidade.

Este novo Mapa de Tudo incluirá, ainda, dados oriundos de uma área de pesquisa totalmente diferente, à qual a ciência materialista não deu qualquer atenção no passado e que a religião dogmática vem ignorando sistematicamente. Essa área abrange as experiências de quase morte (EQMs), as visões no leito de morte, o contato com pessoas já falecidas e toda a imensa variedade de encontros estranhos, porém completamente reais, com o mundo espiritual.

As pessoas vivenciam esse tipo de experiência com frequência, mas a ciência e a religião não lhes permitem falar a respeito.

Então elas vêm falar *comigo*.

Caro Dr. Alexander,

Foi um prazer ler sobre a sua experiência. Ela me lembrou do que aconteceu com meu pai quatro anos antes de falecer. Ele era Ph.D. em astrofísica e tinha uma mente 100% "científica" antes de ter uma experiência de quase morte.

Ele estava na UTI em estado muito grave depois de contrair uma pneumonia. Por causa do excesso de álcool, seus órgãos entraram em pane. Foram três meses de internação. Durante esse período, ele passou algum tempo em coma induzido. Quando se recuperou, contou que esteve com seres angelicais que lhe diziam que não se preocupasse, pois tudo ficaria bem. Esses seres garantiram que ele se curaria e continuaria a viver. Ele não tinha mais medo da morte e contou que, quando de fato morresse, certamente ficaria bem.

Depois dessa experiência, ele parecia outro homem. Até parou de beber. Imagino que durante o coma ele tenha vislumbrando o ponto em que a ciência e a espiritualidade se encontrariam, pois dizia que um dia descobriríamos o que acontece depois da morte. Ele acabou morrendo de forma repentina, por causa de uma ruptura na aorta, quatro anos depois. Conhecer a sua experiência foi reconfortante: serviu para reafirmar a experiência do meu pai.

Muito obrigado,

Pascale

Por que as pessoas me contam histórias como essa? A resposta é simples. Sou médico, membro de carteirinha do clube da "ciência dogmática", e tive uma experiência de quase morte. A partir daí, mudei de lado – não para o lado da "religião dogmática", mas para um *terceiro* lado: acredito que tanto a ciência quanto a religião têm coisas a nos ensinar, mas que nenhuma das duas jamais terá todas as respostas. Pessoas como eu creem que estamos diante de um matrimônio entre ciência e espiritualidade, uma união que mudará para sempre a maneira como entendemos a nós mesmos.

No livro *Uma prova do céu*, descrevi como um tipo muito raro de meningite bacteriana me deixou em coma profundo por sete dias. Durante esse período, tive uma experiência que até hoje ainda não consegui digerir e compreender totalmente. Viajei por uma série de planos supramateriais, cada um mais extraordinário do que o outro.

No primeiro, que chamo de Região do Ponto de Vista da Minhoca, me vi imerso em um estado de consciência primitivo, primordial, no qual eu parecia estar debaixo da terra. Mas não se tratava de uma terra comum, pois eu podia sentir – e às vezes ver e ouvir – outras entidades. Foi em parte terrível, em parte reconfortante (tive a sensação de que pertencia àquela lama primitiva). Muitos me perguntam se era o inferno. Bem, eu esperava que o inferno fosse um pouco mais agitado. Embora não tivesse lembranças da Terra nem da minha existência humana, eu conservava um senso de curiosidade, sendo capaz de perguntar o que aquilo tudo significava, apesar de não receber nenhuma resposta.

Depois de um tempo, um ser de luz – uma entidade esférica que emitia uma música linda, celestial, que chamei de Melodia Giratória – desceu lentamente das alturas, lançando filamentos prateados e dourados. A luz se abriu como um rasgo no tecido daquele domínio hostil, e eu senti que atravessava essa fenda como se ela fosse um portal, saindo em um vale de beleza extraordinária, coberto de campos verdejantes e férteis, onde cachoeiras desaguavam em lagos cristalinos. Eu era uma fagulha de consciência montada nas asas de uma borboleta, em meio a um enxame de milhões de outras borboletas. Vi os céus aveludados, de um exuberante azul-escuro, se encherem de esferas de luz dourada (mais tarde eu as chamaria de seres angelicais) que deixavam rastros cintilantes. Esses seres entoavam hinos e cânticos que não se comparavam a nada que eu já tivesse ouvido na Terra. Havia também um conjunto de universos mais amplos que assumiam uma forma que passei a chamar de "esfera superior", que estava ali para ajudar a transmitir as lições que eu deveria aprender. Os seres angelicais me abriram outro portal para reinos mais elevados. Subi até chegar ao Núcleo, o mais profundo *sanctum sanctorum* do Divino – uma escuridão infinita, repleta de um amor divino incondicional e indescritível. Ali eu encontrei a divindade infinitamente poderosa e onisciente que batizei de Om, pois esse era o som que eu *sentia* naquele reino. Aprendi lições mais belas e profundas do que minha capacidade de explicá-las. Durante todo o tempo que passei no Núcleo, tive a clara impressão de que haviam três entidades ali: o Divino infinito, a esfera brilhante e a pura percepção consciente.

Tive uma guia ao longo da viagem. Era uma mulher de beleza extraordinária que apareceu pela primeira vez enquanto eu cavalgava na asa da borboleta na região do Portal. Eu nunca a vira antes. Não sabia quem ela era. No entanto, sua presença foi suficiente para curar meu coração e fazer com que eu me sentisse pleno de uma maneira que nunca imaginei ser possível. Mesmo sem palavras, ela me fez perceber que eu era amado e valorizado e que o Universo era um lugar muito maior, melhor e mais bonito do que eu jamais poderia sonhar. Eu era parte insubstituível do todo, e qualquer tristeza e medo que tivesse sentido no passado era resultado do esquecimento dessa verdade crucial.

Caro Dr. Alexander,

Trinta anos atrás tive uma EQM – mas não era eu quem estava morrendo. Era minha mãe. Ela vinha fazendo tratamento contra o câncer no hospital e os médicos disseram que lhe restavam no máximo seis meses de vida. Era sábado, eu estava no jardim da minha casa, quando, de repente, fui invadida por uma sensação avassaladora. Foi como se eu tivesse recebido uma quantidade incrível de amor, e me senti estranha, como se tivesse usado drogas. Fiquei parada ali, me perguntando o que havia acontecido. Então tornei a ser invadida pela mesma sensação. Foram três vezes ao todo. Naquele momento, tive certeza de que minha mãe havia falecido. Era como se ela estivesse me abraçando, mas ao mesmo tempo atravessando meu corpo. E todas as vezes que ela fazia isso eu sentia essa quantidade sobrenatural, inacreditável, imensurável de amor.

Entrei em casa, ainda sem entender direito o que acontecera. Sentei-me perto do telefone e aguardei o telefonema da minha irmã. Dez minutos depois, ele tocou. "Mamãe morreu", disse ela.

Mesmo tantos anos depois, não consigo contar esta história sem chorar – não de tristeza, mas de alegria. Aqueles três instantes no jardim mudaram minha vida para sempre. Desde então, perdi o medo da morte.

Naquela época, não havia muitos livros sobre experiências de quase morte, então eu não fazia ideia do que pensar a respeito. Mas sabia que o que senti era real.

Jean Mackey

Quando voltei da minha jornada, eu era como um bebê recém-nascido sob muitos aspectos. Não tinha lembranças da minha vida terrena, mas sabia perfeitamente onde havia estado durante o coma. Precisei reaprender quem eu era e onde estava. Com o passar das semanas, fui retomando minhas faculdades normais. As palavras e a linguagem voltaram aos poucos. Com o amor e a ajuda de familiares e amigos, outras memórias vieram à tona. Voltei ao convívio das pessoas. Em oito semanas, havia recuperado completamente o conhecimento científico que possuía antes, incluindo a experiência de mais de duas décadas como neurocirurgião. Essa recuperação total continua sendo um milagre sem explicação para a medicina moderna.

Mas eu não era mais o mesmo. As coisas que tinha visto e vivenciado enquanto estive fora do meu corpo não desapareceram, como ocorre com os sonhos e as alucinações. Elas permaneceram. E quanto mais permaneciam, mais eu percebia que o que me acontecera havia reformulado tudo o que eu julgava saber sobre a existência. Não consegui esquecer a imagem da mulher montada na asa da borboleta; ela me perseguia, assim como todas as outras coisas extraordinárias que testemunhei naqueles mundos além do nosso.

Quatro meses depois de sair do coma, recebi uma carta. Nela, havia uma fotografia da minha irmã biológica Betsy, que eu nunca chegara a conhecer por ter sido adotado ainda bebê. Betsy tinha morrido antes de eu reencontrar minha família biológica, mas eu sabia que já a vira antes. Ela era a mulher na asa da borboleta.

No momento em que percebi isso, algo se cristalizou dentro de mim. Era como se, desde que eu voltara, minha mente e minha alma estivessem em um estado semelhante ao casulo de uma borboleta: eu não podia voltar a ser o que era antes, mas também não conseguia evoluir para o próximo estágio. Estava preso.

Aquela foto – assim como o choque de reconhecimento que senti ao olhar para ela – foi a confirmação de que eu precisava. A partir daí, estava de volta ao velho mundo que deixara para trás antes do coma, mas ao mesmo tempo era uma nova pessoa.

Eu tinha renascido.

No entanto, minha verdadeira jornada estava só começando. Novas revelações são feitas a mim todos os dias – através da meditação, do meu trabalho com novas tecnologias, com o qual espero tornar mais fácil o acesso ao reino espiritual (ver Anexo), e das conversas com pessoas que vivenciaram o mesmo que eu. Essas pessoas adoram compartilhar suas histórias comigo, e eu adoro ouvi-las. Ficam espantadas ao descobrir como alguém da comunidade científica materialista possa ter sofrido uma transformação tão grande quanto a minha. Eu concordo com elas.

Como doutor em medicina com uma longa carreira em hospitais respeitados como o da Universidade Duke e o da faculdade de medicina de Harvard, eu era totalmente cético, embora solidário. Eu era aquele médico que, se você me contasse sobre a sua EQM ou sobre como sua tia morta o visitou para dizer que estava tudo bem, diria com delicadeza que tudo não passava de uma fantasia.

Mas hoje, graças ao sucesso de *Uma prova do céu*, muitas pessoas se sentem à vontade para falar sobre essas coisas comigo. E sempre fico espantado com a extraordinária similaridade do que elas me dizem. Cada vez vejo mais pontos em comum entre o que elas me contam e aquilo em que nossos antepassados acreditavam. Estou descobrindo o que os antigos já sabiam muito bem: o céu nos torna humanos. É perigoso nos esquecermos disso. Sem um conhecimento mais amplo do lugar de onde viemos e para o qual voltaremos, estamos perdidos. Aquela "linha dourada" de que os antigos falavam é a nossa conexão com o reino superior, é o que torna a vida aqui embaixo não apenas tolerável, mas prazerosa. É a nossa bússola.

Minha história é uma peça do quebra-cabeça, uma pista de que o tempo da ciência inflexível e da religião austera passou, e que um novo enlace entre o conhecimento científico e o saber espiritual finalmente está por vir.

Neste livro, compartilho o que aprendi com outras pessoas – filósofos e místicos da Antiguidade, cientistas modernos e muita gente comum, como eu – sobre o que chamo de Dádivas do Céu. Recebemos essas dádivas quando estamos abertos para a maior de todas as verdades: há um mundo maior além daquele que vemos à nossa volta. Esse mundo maior nos ama mais do que podemos imaginar e nos observa a cada momento, na esperança de que veremos os sinais de que ele está lá.

Toda a minha vida foi uma busca por aceitação. Fui adotado por um grande neurocirurgião, que era venerado por muita gente. Ele não as incentivava a fazer isso. Homem humilde e cristão convicto, meu pai dava importância demais à sua responsabilidade de como médico para se deixar cair na tentação do orgulho. Eu ficava maravilhado com a certeza profunda que ele tinha da sua vocação. O que eu mais queria era ser como ele, estar à sua altura, me tornar membro da comunidade médica que, a meu ver, possuía um encanto sagrado.

Depois de anos de empenho, conquistei meu lugar no coração daquela irmandade secular de cirurgiões. Entretanto, não consegui manter a fé que era tão natural para meu pai. Como muitos colegas, eu dominava o lado físico do ser humano, mas era um perfeito ignorante quanto ao lado espiritual. Simplesmente não acreditava que ele existisse.

Então, em 2008, tive minha EQM. O que aconteceu comigo é um exemplo do que ocorre conosco de forma mais ampla como cultura, e o mesmo pode ser dito de cada história pessoal que me foi contada ao longo dos anos. Cada indivíduo carrega uma memória do céu, enterrada bem fundo dentro de nós. Trazer essa memória à tona – ajudar você a encontrar seu próprio mapa daquele lugar tão real – é o propósito deste livro.

1

A DÁDIVA DO CONHECIMENTO

Todo homem nasce aristotélico ou platônico.

– Samuel Taylor Coleridge (1772–1834), poeta

Platão e Aristóteles são os dois pais do nosso mundo. Platão (*c.* 428 - *c.* 348 a.C.) é o pai da religião e da filosofia, e Aristóteles (384 - 322 a.C.) é o pai da ciência. Platão foi professor de Aristóteles, mas este acabaria por discordar de grande parte do que seu mestre tinha a dizer. Aristóteles questionava especificamente a afirmação de que existe um mundo espiritual além do terreno: um mundo infinitamente mais real, que serve de base para tudo o que vivenciamos.

Platão não só acreditava naquele mundo maior, como também conseguia *senti-lo* dentro se si. Platão era um místico e, como incontáveis místicos antes e depois dele, percebeu que sua consciência estava intimamente ligada ao mundo espiritual.

Aristóteles era diferente. Ele não sentia essa conexão direta com a dimensão espiritual. Para ele, o mundo das ideias de Platão - conceito segundo o qual as estruturas terrenas não passavam de imagens e representações das estruturas primordiais, que existiam no mundo intangível - era uma fantasia. Onde estava a prova dessas entidades mágicas e do reino espiritual ao qual elas pertenceriam? Assim como seu mentor, Aristóteles acreditava que o mundo era um lugar maravilhosamente inteligente. Mas, para ele, as origens dessa inteligência não estavam no além. Estava tudo aqui, bem na nossa frente.

Embora discordassem com frequência, os dois filósofos também concordavam em muitos assuntos. Um dos maiores pontos de convergência entre eles era o conceito que podemos chamar de racionalidade do mundo – o fato de que a vida pode ser compreendida. Por trás da palavra moderna *lógica* está a palavra grega *logos*, um termo famoso por causa do cristianismo, no qual ele é usado como uma forma de se referir à Palavra de Deus. Na época de Platão e Aristóteles, o termo significava a inteligência em ação na esfera física e na mente humana. Era o *logos* que permitia que as pessoas compreendessem a ordem do mundo, uma vez que é justamente por sermos uma parte dele que podemos entendê-lo. Geometria, álgebra, lógica, retórica, medicina, todas essas disciplinas, e outras que Platão e Aristóteles ajudaram a desenvolver, são possíveis porque fomos feitos para conhecer o lugar em que vivemos.

> *O que chamamos de aprendizado não passa de um processo de recordação.*
>
> – Platão

Os escritos políticos de Aristóteles celebram a ideia de que os seres humanos não precisam de inspiração mística para descobrir a melhor maneira de viver e governar. Podemos fazer isso por conta própria. Para ele, as respostas para as questões que nos afligiam estavam bem aqui na Terra, esperando para serem desvendadas.

Platão discordava. Ele é o precursor dos relatos de quase morte no Ocidente. Em *A República*, o filósofo conta a história de um soldado armênio chamado Er, que foi ferido em batalha, dado como morto e colocado em uma pira funerária. No entanto, Er voltou à vida logo antes que as chamas fossem acesas, e relatou sua visita a um reino além da Terra – um lugar maravilhoso em que as almas eram julgadas pelo bem e pelo mal que tivessem feito enquanto estavam aqui.

Platão considerava essa história profundamente significativa. Ele acreditava que viemos deste lugar mais elevado que Er visitou em sua viagem fora do corpo e que, se olhássemos bem fundo dentro de nós, poderíamos recuperar as memórias da nossa existência ali. Se confiarmos nessas memórias, podemos criar uma noção de sentido inabalável. Enquanto estamos na Terra, elas podem nos manter ligados ao mundo celestial. A chave para entender nossa vida terrena e vivê-la bem é nos lembrarmos do lugar de onde realmente viemos.

Na época de Platão, acreditava-se que a Terra era um disco plano com a Grécia no centro, em volta do qual os céus orbitavam de maneira ordenada. Hoje, vivemos em um universo de 93 bilhões de anos-luz de extensão e 13,7 bilhões de anos de idade, em um planeta que orbita uma estrela comum do tipo "G2" de aproximadamente 1 milhão de quilômetros de diâmetro, em uma galáxia espiral que contém cerca de 300 bilhões de outras estrelas – um planeta que tem algo em torno de 4,54 bilhões de anos, onde a vida surgiu há 3,8 bilhões de anos, sendo que as primeiras criaturas ligeiramente hominídeas apareceram cerca de um milhão de anos atrás.

Sabemos muito mais sobre o Universo do que Platão e Aristóteles sabiam.

Entretanto, se olharmos de outra perspectiva, sabemos muito menos.

Uma das mais famosas histórias de Platão envolve um grupo de pessoas presas em uma caverna escura. Elas estão acorrentadas de tal maneira que ficam de costas para a entrada da caverna e só conseguem ver uma parede à sua frente. Há uma fogueira atrás delas, que projeta na parede as sombras de seus captores.

Essas sombras oscilantes constituem todo o mundo daquelas pessoas. Mesmo que elas fossem libertadas, a luz as cegaria de tal forma que elas não saberiam como interpretar o que viam.

Não é difícil perceber de quem Platão está falando nessa alegoria.

Ele está falando de nós.

Qualquer um que já tenha lido Platão ou Aristóteles sabe que a diferença no pensamento dos dois é bem mais profunda, mas, seja como for, as ideias deles tiveram impacto direto na maneira como vemos o mundo hoje. Platão e Aristóteles nos tornaram quem somos. Pelo simples fato de viver no mundo moderno, você absorveu suas lições muito antes de ter idade suficiente para se dar conta disso. Somos todos metafísicos. Mesmo a pessoa mais racional faz uma ampla variedade de suposições metafísicas sobre o mundo a cada segundo. A questão não é nos interessarmos ou não por assuntos filosóficos, mas estarmos ou não conscientes do fato de que, como seres humanos, eles são inevitáveis.

Para compreender o mundo de onde Platão e Aristóteles vieram – e, por consequência, o mundo em que vivemos hoje –, precisamos saber um pouco sobre as religiões dos mistérios, que desempenharam um papel crucial no Mediterrâneo Antigo cerca de mil anos antes deles. Platão era iniciado em pelo menos uma dessas religiões, e o que aprendeu com elas moldou todo o seu trabalho. O envolvimento de Aristóteles é duvidoso, mas sabe-se que ele foi profundamente influenciado por elas, conforme demonstram muitos de seus textos, especialmente suas teorias sobre a tragédia.

Há muita controvérsia sobre como as religiões dos mistérios influenciaram as atitudes de Jesus e dos primeiros cristãos. O rito do batismo é comum a essas religiões, assim como o conceito de um deus (ou deusa) que morre e renasce, trazendo redenção ao mundo. Os mistérios, como o cristianismo, dão muito destaque à iniciação – ou à transformação de seus membros de seres da terra em seres da terra e do céu estrelado.

Esses ritos existiam em toda parte na Antiguidade, não apenas na Grécia. Faziam parte da vida humana e ocorriam em geral na adolescência, quando um rapaz ou uma moça chegava à maturidade física, ou, mais tarde, quando a pessoa começava uma atividade à qual se dedicaria pelo resto da vida. Todos tinham um objetivo principal: resgatar a memória espiritual de quem somos, de onde viemos e para onde estamos indo.

Nas religiões dos mistérios, ao passar pelo rito de iniciação, o indivíduo morria como pessoa terrena e renascia como ser espiritual. De verdade, não de forma teórica. O principal conceito dos mistérios era que, como humanos, temos dupla herança: uma terrena e outra celestial. Conhecer somente a herança terrena é conhecer apenas metade de si mesmo. As iniciações dos mistérios permitiam que as pessoas recuperassem um contato direto com sua "linhagem celestial". De certa forma, o iniciado não era transformado em nada novo, mas sim lembrado de quem era e qual sua origem antes de vir para a Terra; daquilo que tinha sido desde o início.

Os mistérios eleusinos, cujo nome se refere à cidade grega Elêusis, eram alguns dos mais célebres e baseavam-se no mito de Perséfone, uma moça que foi raptada por Hades, o deus do mundo subterrâneo, e levada para o seu reino. A mãe de Perséfone, Deméter, ficou tão desconsolada que acabou fazendo um pacto com Hades, para que a filha passasse metade do ano no mundo subterrâneo e a outra metade na superfície da Terra. O tempo que Perséfone passava no submundo correspondia ao inverno. Consequentemente, os rios e os campos partiam com ela no outono e retornavam na primavera, renascendo na forma de novas plantas e animais.

Perséfone está relacionada a uma deusa muito mais antiga chamada Inanna, adorada pelos sumérios – um povo que viveu milhares de anos antes dos gregos no Crescente Fértil, a região que mais tarde daria origem aos israelitas. Inanna era a Rainha do Céu, e o principal mito que os sumérios contavam a respeito dela falava sobre sua descida à terra dos mortos. Segundo o mito, ela atravessou os sete níveis do mundo subterrâneo, retirando uma peça de roupa a cada nível até se apresentar nua diante do Senhor da Morte. Então ele a matou e pendurou seu corpo em um gancho numa parede por sete dias, que correspondiam a cada um dos sete níveis do submundo. Finalmente, em parte graças aos irmãos, Inanna renasceu e retornou à Terra, subindo de volta os níveis do mundo inferior, trazendo consigo os poderes conferidos a ela enquanto estava nas profundezas.

Parece inacreditável que ainda não saibamos ao certo o que acontecia durante esses ritos conhecidos como mistérios. Eles podiam ser intensamente dramáticos e em geral culminavam com a entrega de um objeto, que poderia ser uma simples haste de trigo. O iniciado era preparado para o momento por meio de uma cerimônia lenta e teatral que incluía música e dança e, na parte final, às vezes era vendado e conduzido até um santuário onde os segredos lhe eram revelados. Graças a essa preparação cuidadosamente orquestrada, o processo tinha não apenas um profundo significado simbólico, mas também um sentido emocional muito real. No fim do rito, o iniciado via o objeto não como algo comum, mas como uma janela para o mundo do além. Se uma haste de trigo lhe fosse oferecida, por exemplo, ela não era vista como um símbolo de que plantações morrem e renascem todos os anos, mas uma demonstração da verdade fundamental: a morte é seguida de um renascimento. Ao olhar para o objeto, o iniciado o enxergava como uma fascinante confirmação de que ele também tinha sido introduzido na vida eterna.

Dizia-se que uma pessoa iniciada nos mistérios era como uma criança recém-nascida, e é por isso que eram chamados de "renascidos". Eles viam uma realidade *mais real* do que a realidade terrena, e isso criava neles a certeza inabalável de que a vida humana continuava após a morte. Essa certeza era tão profunda que, dali em diante, não importava o que a vida lhe trouxesse, haveria uma parte dele que simplesmente *nunca* estaria triste. E não poderia ser diferente, pois o iniciado havia recuperado o conhecimento de quem ele realmente é, de onde veio e para onde está indo. Desse ponto em diante, ele tinha uma espécie de dupla cidadania: mesmo ainda estando neste mundo, já estava com um pé fincado em um reino glorioso e repleto de luz.

Talvez você já esteja começado a perceber o motivo que me levou a incluir esses conceitos da Antiguidade neste livro. Talvez tenha notado alguns pontos em comum entre a minha história e os mitos que listei. Qual a razão dessas semelhanças? O que elas significam? Acredito que estejamos buscando ardentemente as verdades que os mistérios ensinavam às pessoas no mundo antigo, e que o cristianismo, especialmente em seus primórdios, também ensinava. Acredito que o céu nos torna humanos e que sem o conhecimento de que viemos de lá e que para lá voltaremos, a vida não tem sentido. E acredito também que as experiências que tantas pessoas dividem comigo são lembretes de que precisamos conhecer essas verdades hoje tanto quanto precisávamos conhecê-las no passado.

Os gregos antigos amavam a vida. Tanto a *Ilíada* quanto a *Odisseia* pulsam com as alegrias e as dores da existência física. Mas os gregos do tempo de Homero, cerca de quinhentos anos antes de Platão e Aristóteles, não acreditavam no céu. Quando pensavam na vida após a morte, o que tinham em mente era um mundo fantasmagórico, pálido e tenebroso: um lugar muito pior, e muito inferior, à esfera terrena. Melhor ser um escravo neste mundo, diz Aquiles na *Odisseia* de Homero, do que um rei no além.

Muitos povos da Antiguidade pensavam na vida após a morte da mesma forma, e tudo indica que ritos como os mistérios evoluíram como uma resposta ao medo universal de que o além fosse um local macabro e sombrio. A ideia da morte sempre foi aterrorizante, e os povos antigos sabiam disso ainda melhor do que nós, pois a viam de perto todos os dias. As tradições dos mistérios são um bom exemplo de como os vários povos lidavam com a morte. No passado, ela podia ser enfrentada, superada ou temida. Podia também ser aceita com tranquilidade. Mas não podia ser simplesmente ignorada.

"Aquele que foi iniciado não terá como destino a escuridão soturna após a morte", diz um texto dos mistérios em relação aos ritos. Esse reino de escuridão soturna é bastante parecido com o ponto de partida da minha jornada: aquele "lugar" elementar, como um lodaçal, que chamei de Região do Ponto de Vista da Minhoca.

Nem sempre é fácil navegar pelos reinos que existem além do corpo. A Região do Ponto de Vista da Minhoca não era um local de medo ou punição: não era um lugar para onde você era "enviado" caso se comportasse mal. Mas descobri que possui grande semelhança com as áreas sinistras, pantanosas e inferiores da vida após a morte descritas por muitas sociedades antigas.

O reino da alma é vasto como um oceano. Quando o corpo físico e o cérebro – que funcionam como amortecedores para o mundo enquanto estamos vivos – se deterioram, corremos o risco de cair nas regiões mais baixas do mundo espiritual, que correspondem às zonas inferiores da nossa psique e são, portanto, obscuras ao extremo. Creio que era disso que os antigos estavam falando quando mencionavam um além macabro, sinistro e desolado. Era por isso que a iniciação era tão importante, tanto na Grécia quanto em tantas outras culturas da Antiguidade. Por meio desse processo, as pessoas eram recordadas de suas verdadeiras identidades enquanto seres cósmicos cujas estruturas internas espelhavam a estrutura dos mundos espirituais que as aguardavam após a morte. A ideia de que a alma humana é moldada nos reinos espirituais significava que, ao seguir a antiga determinação grega que dizia "Conhece-te a ti mesmo", a pessoa também aprendia a conhecer o cosmos de que se originara. As iniciações eram em geral assustadoras, mas também profundamente afirmativas. Os iniciados sabiam que haviam sido preparados pelos rituais tanto para suportar os fardos da vida terrena quanto para encontrar o caminho de volta para casa após a morte. Essas eram *realidades* para os povos antigos. O que eles tinham a dizer a respeito delas era baseado, pelo menos até certo ponto, em suas próprias experiências; e é por isso que seus textos sobre esses temas podem ser comoventes e, para algumas pessoas, aterrorizantes.

Mas não há nada a temer. Assim que nos libertarmos do amortecimento que nossos corpos e cérebros oferecem, voltaremos para o nosso lar. Mesmo que não sejamos perfeitos, todos nós chegaremos àquele reino de luz, amor e aceitação. É só uma questão de estarmos abertos – o suficiente para que sejamos resgatados dos reinos da escuridão em direção às regiões luminosas.

Acredito que fui resgatado porque quando saí do meu corpo estava disposto a dizer sim à Melodia Giratória e à sua luz quando ela desceu e abriu o portal para os reinos superiores. Ela se ofereceu para ser a minha guia, e não hesitei a aceitar seu convite. Mas há pessoas que não estão abertas para este bem quando ele surge. Então continuam onde estão – no escuro – até amadurecerem e serem tiradas dali. Saber que isso vai acontecer não tem preço. É por isso que, para os antigos, o conhecimento da existência de mundos além do nosso era uma das maiores dádivas do céu.

2

A DÁDIVA DO SENTIDO

Acima de tudo, o futuro da civilização depende da maneira como as duas forças mais poderosas da história, a ciência e a religião, se relacionarão.

– Alfred North Whitehead (1861–1947), filósofo

Dentro do espírito das religiões dos mistérios nas quais era iniciado, Platão revolucionou a visão homérica da vida após a morte, que acreditava que aquele reino sombrio e cinzento era tudo o que as pessoas podiam esperar. No entanto, o mundo além-túmulo, em suas esferas mais elevadas, é mais luminoso e mais cheio de vida do que este. Platão defendia que o que nos aguarda após a morte é o mundo real e que a vida no plano físico não passa de uma preparação para ele. Daí a sua famosa máxima de que toda a verdadeira filosofia é "uma preparação para a morte".

Platão fala diretamente conosco quando diz isso. Ao contrário de seu mestre Sócrates (que, como Jesus, não deixou escritos), Platão acreditava no valor da escrita e na importância de registrar ideias no papel para que as gerações futuras pudessem descobrir o que precisavam saber. As religiões dos mistérios estavam morrendo na época de Platão, e ele acreditava perceber para onde as coisas estavam se encaminhando. Como todos os grandes mestres espirituais, achava que a verdade deveria ser compartilhada (embora, como todos os grandes mestres espirituais, temesse que não fossem escutá-lo). Por meio de seus escritos, Platão nos deu as respostas para as grandes questões da humanidade. Registrava seus argumentos de forma deliberada para que aqueles que viessem depois dele não os perdessem de vista. Não seria exagero dizer que ele estava tentando salvá-los para nós.

Mas Platão precisava de Aristóteles para completar sua mensagem. Ao afirmar que a morte é melhor do que a vida, Platão abriu caminho para várias ideologias que difamam a existência física – desde os filósofos existencialistas que dizem que a vida não tem sentido até os pregadores apocalípticos que veem a existência terrena como algo ruim. Aristóteles era um contraponto para isso. Ao chamar atenção para as maravilhas do mundo físico e mapeá-las com uma visão lúcida, ele criou uma tradição de observação disciplinada do mundo material que desempenhou um papel crucial no desenvolvimento da ciência moderna.

O que precisamos hoje é encontrar uma combinação do que há de melhor no espírito platônico e do pensamento aristotélico. As pessoas estão ávidas por essa nova visão do mundo e muitas começam a adotá-la por conta das próprias experiências.

Acredito que a era que está por vir pode nos trazer enormes desafios, mas também pode ser o período em que o céu voltará a ser encarado como algo relevante. Se isso acontecer – se um número suficiente de pessoas vier a público e começar a falar sobre o tipo de experiências descritas neste livro –, a maré começará a mudar a favor da crença. Os espíritos platônico e aristotélico se unirão como nunca e testemunharemos a maior mudança de visão de mundo da história.

Isso não quer dizer que os segredos dos vastos mundos do espírito serão colocados sob a mira de um telescópio. O Universo – em especial sua parte mais misteriosa, pessoal e difícil de ser definida, a chamada consciência – não pode ser tratado dessa forma. Para estudar a consciência e os domínios imateriais é preciso bater à porta com humildade e esperança, como sugeriu

Jesus, e pedir, não exigir, que nos deixem entrar. Nesse sentido, poderíamos dizer que a ciência deve se tornar uma espécie de religião dos mistérios moderna. Precisará abordar a verdade de forma humilde. Em outras palavras, terá que aceitar as evidências que o Universo apresenta a seu respeito. E o fato é que o Universo vem apresentando à ciência diversas evidências de que ele é espiritual e físico. O problema não é a falta de sinais, mas sim o fato de os cientistas serem teimosos demais para vê-los.

A ciência – principalmente a medicina – sempre teve um caráter iniciatório. Sempre foi uma espécie de clube, com regras específicas e linguagem incompreensível para quem é de fora, com provações e testes a serem superados antes de você poder ser considerado um membro de fato. Acredite, sei do que estou falando. Lembro-me perfeitamente do dia em que me formei na faculdade de medicina, da primeira vez que fiz uma operação sozinho, da primeira vez em que minha intervenção foi fundamental para salvar a vida de outra pessoa. Diversos grupos possuem rituais de passagem. Fraternidades, trotes e grêmios universitários, clubes esportivos e sociais, todas as cerimônias de inclusão dessas organizações remontam aos ritos de iniciação que definiam a vida da maioria das pessoas nas sociedades primitivas. Minha própria experiência com o paraquedismo durante a faculdade não passou de um rito de iniciação – incrível, por sinal. Nunca vou me esquecer das três palavras que meu instrutor disse naquele setembro de 1972, quando o Cessna 195 monomotor em que estávamos se inclinou para o lado e a porta se abriu para o meu primeiro salto:

"Você está pronto?"

Caro Dr. Alexander,

Enquanto meu pai estava em seu leito de morte, minha mãe sofria muito. Ele descontava nela toda a sua raiva à medida que perdia o controle da própria vida. Ela continuava a amá-lo incondicionalmente, mas estava desolada. Sua vida girava ao redor dele.

Três meses antes, eu havia feito dois pedidos ao Espírito Santo. O primeiro era que meu pai descobrisse o que é o amor de verdade. Rígido e competitivo, ele sempre buscara a felicidade em seu próximo aumento de salário, sua próxima promoção, seu próximo jogo de golfe. Frustrado, pedi a Deus que ajudasse meu pai a sentir o que era ser preenchido por esse amor. O segundo pedido foi que minha mãe, de alguma forma, soubesse que papai continuava vivo mesmo depois que ele deixasse seu corpo.

Um dia, do nada, ele pegou a mão da minha mãe e, entre lágrimas, lhe disse: "Eu procurei por você minha vida inteira. Você é o amor da minha vida." Então ele falou quanto amava a mim e à minha irmã e quanto éramos importantes para ele. Logo estávamos todos chorando e abrindo nossos corações uns para os outros. Ele foi dormir. Quando acordou, não se lembrava mais daquilo. Agradeci a Deus durante dias.

Depois que meu pai morreu, minha mãe ligou para dizer que estava vindo passar o Natal conosco. Dizia ter ótimas notícias, mas só podia contar pessoalmente. Assim que ela chegou, perguntei o que havia acontecido. "Sei que é difícil acreditar", falou ela, "mas três noites atrás eu acordei e seu pai estava sentado na beirada da cama." "Foi um sonho, mamãe?", perguntei. "Não. Ele era mais real do que você. Parecia ter uns 45 anos. Ele me olhou com tanto amor, um amor tão pleno, que tive certeza de que estava à minha espera." Fiquei pasmo com a serenidade da minha mãe; ela estava em um estado de absoluta paz.

Depois disso, ela decidiu fazer uma operação para retirar um aneurisma. As enfermeiras disseram que ela estava muito tranquila e que parecia envolvida por uma aura de luz. Mas a operação não foi bem-sucedida. Ela acabou pedindo que os aparelhos que a mantinham respirando fossem desligados. Sentei-me ao lado dela enquanto partia. Tivemos muito tempo para conversar, rir juntos e conhecer profundamente um ao outro antes de ela morrer.

Ela sabia que era um espírito de luz tendo uma experiência humana e que era eterna e amada. Agradeço a Deus e a todos os mestres espirituais que estão aqui para nos ajudar a conhecer nossa verdadeira natureza.

Passei a interpretar a minha EQM como uma espécie de rito de iniciação moderno dos mistérios, no qual eu "morri" para minha antiga visão de mundo e nasci para uma nova. Muitas pessoas passam por jornadas incríveis como a minha, com experiências espirituais que as transformam. É quase como se nós, como cultura, estivéssemos passando juntos por uma iniciação coletiva. É por isso que o historiador contemporâneo Richard Tarnas afirmou:

> *Talvez nós, como civilização e como espécie, tenhamos sido submetidos a um rito de passagem do tipo mais memorável e profundo, encenado no palco da história, com o próprio cosmos sendo a matriz central do drama iniciático. Acredito que a humanidade tenha entrado nos estágios mais críticos do mistério da morte e do renascimento. Em retrospecto, parece que a história da civilização ocidental conduziu a humanidade e o planeta à trajetória de transformação iniciatória, primeiro com a crise nuclear, seguida pela crise ecológica – um encontro com a mortalidade que já não é individual e pessoal, mas coletivo, planetário.*

Isto não é algo que nos aguarda no futuro. Está acontecendo agora. Uma nova visão da realidade está sendo construída de forma lenta, porém irrefutável, não só na mente de pensadores como Tarnas, mas na das pessoas comuns. Pessoas que tiveram um vislumbre de quem somos de verdade, de onde viemos e do lugar para onde vamos, e que buscam, como eu, uma nova visão de mundo em que possam se enquadrar.

Não é uma tarefa fácil. Como você substitui sua antiga maneira de encarar a vida por outra completamente nova sem cair no caos? Como você salta de um mundo para outro sem correr o risco de cair na fissura entre eles? É preciso coragem. Mas acredito que, se pedirmos por essa coragem, nós iremos recebê-la.

> *É responsabilidade dos cientistas nunca sonegar conhecimento, por mais estranho que ele seja, e por mais que ele possa incomodar aqueles em posição de poder. Não somos tão inteligentes a ponto de decidir quais tipos de conhecimento são admissíveis e quais não são.*
>
> – Carl Sagan (1934-1996)

No livro *Farther Shores* (Margens mais distantes), a médica Yvonne Kason descreve uma EQM que vivenciou quando o pequeno avião em que estava caiu em um lago congelado no Canadá. Enquanto a água inundava a cabine, Yvonne tentou desesperadamente fazer seu paciente, que estava preso a uma maca, atravessar a porta de passageiros na frente da aeronave. Quando percebeu que a maca era larga demais para passar, suas mãos estavam congeladas e praticamente inúteis. Ela rastejou até a porta do avião e depois foi se arrastando como pôde em direção à margem do lago congelado.

Tossindo violentamente, com o corpo inteiro dormente e mal conseguindo manter o rosto acima da água congelante, Yvonne se viu flutuando, tranquila, alguns metros acima do lago. Ela conseguia ver a si mesma chapinhando em direção à margem e o avião do qual havia escapado quase todo submerso. Sabia que o paciente ainda preso à maca provavelmente não se salvaria e que, dada a força da correnteza e a temperatura da água, ela também não. Mesmo assim, sentia-se em paz. Ela sabia que tudo ficaria bem, pois era profundamente amada e valorizada.

Com muito esforço, a médica conseguiu chegar à margem e esperar pelo resgate, junto com dois outros sobreviventes do acidente. Algum tempo depois um helicóptero chegou e Yvonne foi para o hospital, onde enfermeiras a levaram a uma sala de hidroterapia e a colocaram em uma banheira de hidromassagem.

"Enquanto estava submersa na água quente e em movimento", escreve ela no livro, "senti minha consciência ser puxada para dentro do corpo pelo topo da minha cabeça. A sensação foi como a de um gênio sendo sugado de volta para sua lâmpada. Ouvi um barulho de sucção, tive a sensação de estar sendo puxada para baixo e, de repente, percebi que estava no meu corpo outra vez."

É uma história incrível, porém mais extraordinário ainda foi o que aconteceu depois. "Os meses que se seguiram à minha experiência de quase morte", relata Yvonne, "fizeram com que eu me sentisse psicologicamente forte, lúcida e centrada. Eu sentia uma enorme força interior e uma coragem ímpar para falar honestamente. A experiência continua sendo uma grande fonte de inspiração para mim, quase 15 anos depois. E, o que é mais importante, foi o começo de um processo de transformação espiritual que prossegue até hoje."

Mas essa transformação não aconteceu de uma só vez, ou sem alguns conflitos. Nas palavras da médica:

> *Quando voltei ao trabalho, já havia recuperado grande parte da sensibilidade nos dedos e sentia-me bem física e emocionalmente – mas ainda não sabia que tivera uma EQM e que essas experiências podem deixar a mente de uma pessoa aberta a visões*

mediúnicas. Imagine então meu espanto quando, cerca de dois meses depois do acidente, tive minha primeira visão.

Uma noite, depois do trabalho, estava indo de carro visitar minha amiga Susan. Quando parei no sinal vermelho, uma imagem nítida, quase palpável, surgiu em minha mente: um cérebro coberto de pus. A imagem foi tão clara que fiquei aturdida.

Não tive dúvidas de que aquela imagem significava meningite – uma infecção da membrana que envolve o cérebro. Também não tive dúvidas de que era o cérebro de Susan. A princípio decidi não comentar nada, mas, ao chegar à casa dela, Susan falou que estava sentindo uma dor de cabeça muito forte e estranha – um sintoma clássico de meningite – havia algumas horas. Não quis alarmá-la, mas, por via das dúvidas, perguntei-lhe sobre outros sintomas comuns da doença. Embora Susan não tivesse nenhum deles, a imagem terrível do cérebro coberto de pus me assombrava. Hesitante, contei-lhe sobre a visão e o que eu achava que significava. Ela ficou pensativa e me perguntou como poderia saber se sua dor de cabeça realmente indicava um início de meningite.

Yvonne explicou os sintomas e fez Susan prometer que, caso algum deles surgisse, ela iria correr para a emergência de um hospital. Eles surgiram. "Quando chegamos", escreve Yvonne, "os médicos fizeram uma punção lombar e confirmaram que ela tinha um tipo raro, e geralmente fatal, de meningite. O diagnóstico precoce permitiu que os médicos a tratassem com sucesso, e ela recebeu alta em duas semanas."

No início, Yvonne não sabia o que fazer com essa nova habilidade. Somente depois de conhecer Kenneth Ring, meu parceiro nos estudos das EQMs, ela descobriu que uma percepção mais acentuada do mundo é um efeito comum de experiências como a dela.

Joseph Campbell, em seu clássico livro *O herói de mil faces*, argumentava que todos os mitos e lendas são, no fundo, a mesma história: um indivíduo está cuidando da própria vida, até que de repente é arrancado da sua rotina e levado para uma situação nova e estranha. Nessa nova situação, ele supera provações e traumas, que culminam em um encontro com um deus ou deusa. Se o herói é um homem, esse clímax costuma tomar a forma de um ser feminino de extraordinária beleza e sabedoria – uma espécie de anjo –, que conduz o herói a reinos mais elevados, talvez até ao Divino.

O ser angelical é completamente diferente do herói, mas ao mesmo tempo – dentro da estranha lógica que os mitos podem ter – representa o seu eu mais profundo.

Outro elemento comum a essa história universal é que o herói sofre algum tipo de ferimento: ele possui uma fraqueza ou vulnerabilidade que o atrapalha, o atormenta e o impede de cumprir seu destino. O encontro ocorrido no outro mundo cura esta ferida. Quando o herói volta ao universo de onde veio, ele está mudado; é outra pessoa. Ele foi iniciado e, como todos os iniciados, agora tem "dupla cidadania", pois pertence aos dois mundos.

Muitas vezes, quando retorna, o herói sofre para entender o significado do que lhe aconteceu. Certamente pareceu muito real, mas será que, afinal, tudo não passou de um sonho?

Então, graças a um pequeno acontecimento, sua jornada e as lições que aprendeu são confirmadas. Ele recebe uma evidência, uma prova, de que sua aventura foi real. Então tem a certeza de que o lugar que visitou não era apenas um sonho e que o tesouro trazido de lá é palpável.

Isso lhe soa familiar?

Iniciados/heróis geralmente são enterrados em criptas, tumbas ou outras estruturas semelhantes, onde os corpos permanecem enquanto as almas partem para outros mundos. Em minha história, a "cripta" era a cama da UTI onde meu corpo se encontrava imobilizado enquanto meu verdadeiro eu viajava pelo Portal e ia em direção ao Núcleo. Os xamãs costumam manter familiares e amigos reunidos ao seu redor quando entram em transe. Da mesma forma, eu tinha meus filhos Bond e Eben IV, minha ex--mulher Holley, minha mãe Betty e minhas irmãs Jean, Betsy e Phyllis reunidas à minha volta, mantendo uma vigília constante até que a minha jornada estivesse concluída.

Minha ferida, por sua vez, era a luta de uma vida inteira contra a sensação de que eu não merecia ser amado, vinda do fato de ter sido abandonado quando bebê. Em minha EQM, meu anjo da guarda me ofereceu o amor incondicional comum a muitas pessoas que fizeram essa jornada para fora do corpo. E foi assim que comecei a ser curado.

Minha história foi particularmente dramática. Mas, depois que voltei, descobri que versões dela acontecem o tempo todo com outras pessoas. É exatamente por isso que Campbell deu ao livro aquele título. Ele queria dizer que somos todos heróis e que todos passamos por jornadas semelhantes. Percebo agora que este é um dos grandes motivos pelos quais nunca me canso de viajar pelo mundo para contar minha história e por que as pessoas nunca se cansam de ouvi-la. Quanto mais eu a conto, mais força ela me dá; e quanto mais vejo a repercussão dela nos olhos daqueles que a ouvem, maior é a minha gratidão.

Muitas histórias de iniciação envolvem o herói enfrentando e derrotando um monstro prestes a devorá-lo. A meningite bacteriana, a doença que me acometeu e que despertou Yvonne para seus dons mediúnicos, é a equivalente moderna àqueles dragões cuspidores de fogo contra os quais tantos heróis lutaram em mitos e lendas. A meningite bacteriana literalmente tenta devorar você. O suplício de Yvonne nas águas congelantes me fez lembrar muitos ritos que começam com uma imersão na água. Minha própria história, na verdade, teve início com uma imersão – embora de uma forma bem diferente. Na manhã em que acordei me sentindo mal, com uma dor nas costas excruciante, entrei na banheira para tentar fazê-la passar.

A água é um dos principais símbolos de renascimento. Os rituais dos mistérios da Antiguidade costumavam incluir imersão na água. A palavra *batismo* vem do grego *baptismos*, que significa mergulho ou banho cerimonial. O batismo era (e ainda é) uma forma cerimoniosa de lavar a "sujeira" acumulada durante nossa jornada na Terra, para que possamos recuperar a natureza original, celestial. Não que eu estivesse pensando nisso quando entrei na banheira. Eu sentia uma dor terrível, estava atrasado para o trabalho e queria dar um jeito de tocar o meu dia.

Assim que saí da banheira, vesti meu roupão vermelho (túnicas vermelhas, um leitor me informou mais tarde, possuíam um significado ritual nas cerimônias de batismo nos primórdios do cristianismo) e voltei para o quarto cambaleando, quase como um bebê aprendendo a andar. Pensando agora nessa expressão, que eu tanto usava para explicar a maneira como me sentia, percebi que fazia todo o sentido: como muitos iniciados antes de mim, primeiro tive que me "tornar uma criança" antes de poder retornar para o lugar de onde vim.

Naquela situação, os sinais míticos-rituais estavam *simplesmente ali*. Eu não premeditei nenhum desses simbolismos. Na minha história, assim como tudo em nossa vida, o sentido é intrínseco à existência. Se procurarmos por ele, iremos encontrá-lo. Não é necessário colocá-lo ali.

Caro Dr. Alexander,

No dia 10 de novembro de 2007, fui picado por uma cobra venenosa. Recebi seis bolsas de sangue e 18 bolsas de antitoxina após viajar 112 quilômetros de helicóptero. Os médicos estavam convencidos de que eu não iria sobreviver. Fiquei apenas dois dias na UTI, mas passei as primeiras 12 horas inconsciente. Embora não me lembre de detalhes, sei que me comuniquei com meu pai, que estava num estágio avançado de Alzheimer na época. Ele faleceu menos de dois meses depois disso. Dois dias antes da sua morte, eu estava na casa dele e, quando estava me preparando para ir embora, algo incrível aconteceu: o homem que havia meses não respondia a estímulos nem reconhecia ninguém agarrou minha mão e olhou para mim como se dissesse "Vou ficar bem, pode ir agora".

Sempre tive a sensação de que havíamos nos comunicado durante o tempo em que fiquei inconsciente e agora estou convencido de que isso aconteceu mesmo. Depois daquela experiência, não tenho mais medo de morrer. Hoje me sinto confortável em relação à morte, quase a espero de braços abertos. Sempre acreditei em Deus, mas sinto que tive um contato com Ele que ainda não consegui compreender. Embora não entenda por completo o que aconteceu comigo, estou cada vez mais convencido de que não foi um sonho. Obrigado pelo seu livro e torço para que continue a espalhar essa mensagem para o máximo de pessoas possível.

Thomas Mueller

Os dogons são um povo africano cuja palavra para "símbolo" possui uma acepção interessante: "palavra deste mundo inferior". Este nosso mundo material é inteiramente simbólico. Ele está sempre tentando se comunicar conosco, tentando nos lembrar do que existe além dele. Quando lemos um livro ou vemos um filme, já esperamos que haja um simbolismo subentendido. Mas a vida por si só já é simbólica. O sentido não é algo que acrescentamos à vida. Ele já está lá.

É por isso que me interesso pelo que o psicólogo Carl Jung chamou de sincronicidade: a maneira estranha como acontecimentos em nosso mundo aparentemente aleatório e sem sentido às vezes ocorrem de forma claramente *não* aleatória. Jung acreditava que esses acontecimentos eram tão reais que deviam ser analisados pela ciência. Foi um insight extraordinário da sua parte, se levarmos em conta que ele desenvolveu grande parte de sua obra em meados do século XX, uma época extremamente materialista.

Suas ideias geraram controvérsia. "Sentido", para seus colegas cientistas, não era somente uma palavra não científica – era absolutamente anticientífica. A ciência afirma que o sentido é uma ilusão, uma projeção, uma criação da mente. Aceitar o sentido como algo real significaria mergulhar de volta no poço de ignorância e superstição do qual os cientistas se esforçaram tanto para nos tirar.

A mais famosa sincronicidade da vida de Jung ocorreu durante uma sessão com uma paciente que descrevia um sonho em que recebia de presente um escaravelho de ouro egípcio.

"Enquanto ela me contava o sonho", escreve Jung, "eu estava sentado de costas para a janela fechada. De repente, ouvi um barulho atrás de mim, como se fossem leves batidas. Quando me virei, vi um inseto voador chocando-se contra o vidro da janela do lado de fora. Abri a janela e apanhei a criatura em pleno voo enquanto ela entrava."

Observador sagaz do mundo natural, Jung logo identificou o inseto. "Era o mais próximo de um escaravelho dourado que se pode encontrar nessas latitudes, conhecido como besouro ourives (*Cetonia aurata*), e que, contrariando seu comportamento normal, tinha se sentido impelido a entrar em um quarto escuro naquele exato momento"

Pessoas no mundo inteiro vivem experiências – sejam elas grandiosas, sejam banais – que transmitem a seguinte mensagem: o mundo tem sentido. As esferas superiores *falam* conosco.

Tudo o que precisamos fazer é parar para ouvir. Precisamos ter a mente aberta para um mistério que transcende as desavenças entre a religião e a ciência, entre a crença e o ceticismo. Por meio dessas experiências, recebemos a cura para um dano profundo e nocivo em nossas psiques. Os espíritos de Platão e de Aristóteles estão se unindo dentro de nós. E o resultado é que estamos vivendo um novo mundo.

Dr. Alexander,

Em 21 de outubro de 2013, nosso filho de 25 anos deu entrada no hospital com o que imaginávamos ser um caso de gastroenterite ou intoxicação alimentar. Seu quadro piorou rapidamente e ele foi internado na UTI. Os órgãos dele entraram em falência um após o outro. O fígado parou de processar os antibióticos, a função renal atingiu níveis críticos, o pâncreas deixou de funcionar como devia. Ele teve insuficiência cardíaca congestiva, o que resultou em acúmulo de líquidos nos pulmões. Por último, o coração entrou em fibrilação atrial. Os médicos não podiam administrar glucose intravenosa, pois temiam que isso gerasse um coma diabético. Meu filho estava com 11 bolsas de administração intravenosa diferentes presas ao corpo. Não estava reagindo bem a nenhuma delas. Achamos que ele estava dormindo demais. Os médicos nunca disseram que ele estava em coma, embora suas mãos e seus pés estivessem se "curvando", como o senhor descreveu em seu livro.

O hospital mandou vir o capelão, o médico especialista em dor e o especialista em tratamentos paliativos. Recebemos folhetos informativos sobre os procedimentos funerários e nos avisaram que não havia mais nada a fazer. Também disseram que, quando as bolsas de administração intravenosa esvaziassem, não seriam mais trocadas. Ficamos observando e rezando enquanto elas esvaziavam e eram removidas, uma a uma. Surpreendente-

mente, cada vez que uma bolsa era retirada, um órgão voltava a funcionar. Os médicos não entenderam o que aconteceu. Um deles chegou a dizer que aquilo estava muito além do que qualquer um poderia ter feito. Nove dias depois, ele foi transferido para um quarto. No dia 4 de novembro, seu coração entrou em ritmo sinusal sem medicamentos.

Ele estava amoroso e radiante. No seu aniversário, uma das enfermeiras lhe deu um exemplar de Uma prova do céu. *Alguns dias depois, perguntei se ele queria que eu lesse um capítulo. Ele disse que sim. Depois de ler um pouco, ergui os olhos e vi as lágrimas escorrendo pelo rosto dele. Perguntei se a leitura o estava perturbando e se eu deveria parar, mas ele pediu que eu continuasse.*

Naquela noite, ele me disse baixinho: "Eu falei com Deus na UTI. Ele me perguntou se eu queria ficar ou voltar para casa. Eu disse que queria voltar para casa. Estávamos diante dos portões do Paraíso. Havia muito verde atrás deles. Depois eu conto melhor."

Dias depois, perguntei à enfermeira quando ela lera o livro. Ela respondeu que não tinha lido; alguém havia sugerido que o desse para nós, então ela o comprou.

Meu filho voltou para casa no dia 19 de novembro de 2013. Continuamos a leitura até a parte em que você também voltou para casa. Ele pediu que retomássemos dentro de algumas semanas, para que ele pudesse processar o que havia lido até ali. Não chegamos a terminar o livro. Meu filho ficou apenas mais seis semanas conosco. E nunca chegou a contar mais sobre a experiência que teve na UTI. Ele faleceu em 4 de janeiro de 2014, devido a uma infecção causada pelo vírus H1N1 (gripe suína).

Gostaria de lhe agradecer pelo livro. Ele nos ajudou muito e fez meu filho compreender sua experiência. Quando ele morreu, eu o visualizei voltando aos portões do Paraíso e falando novamente com Deus.

Cordialmente,

Claire

Em dezembro de 1991, Elizabeth Lloyd Mayer, uma renomada psicanalista de São Francisco, estava diante de um problema. A insubstituível harpa de sua filha tinha sido roubada em um concerto. Mayer passara dois meses fazendo o possível para recuperar o instrumento. Até que, conforme ela escreve no livro *Paranormalidade – Um conhecimento extraordinário*, uma amiga lhe disse que, se ela estivesse mesmo preparada para reaver a harpa, deveria procurar um rabdomante.

Para ela, a ideia de encontrar um objeto perdido por meio da paranormalidade era pura fantasia. Isso quebrava todas as regras lógicas do mundo em que vivia.

No entanto, ela queria muito ter aquela harpa de volta.

Esforçando-se ao máximo para conter seu espírito crítico, Mayer discou o número que a amiga lhe dera.

"Aguarde um instante", disse o homem. "Vou lhe dizer se o instrumento ainda está em Oakland." Sim, disse ele, a harpa ainda estava lá. Com um mapa, o rabdomante indicou a exata casa em que, segundo ele, ela se encontrava. Mayer se perguntou o que fazer com aquela informação. Ela não poderia simplesmente bater à porta da casa e dizer que um adivinho lhe revelara que a harpa da filha estava ali. Então ela teve a ideia de colar cartazes sobre o sumiço da harpa num raio de dois quarteirões em volta da casa.

Três dias depois, recebeu uma ligação. A pessoa do outro lado da linha disse que o vizinho estava com a harpa. Após alguns telefonemas, ela conseguiu marcar um encontro para que o instrumento fosse devolvido.

Ao voltar para casa com a harpa da filha no banco de trás do carro, Mayer teve uma revelação:

"Isso muda tudo."

Esta história mostra como muitas pessoas na comunidade científica acabam tendo sua perspectiva sobre o mundo transformada. Às vezes nos vimos em uma situação que nos obriga a experimentar todas as velhas explicações para um novo tipo de fenômeno. Se elas não funcionam, somos forçados a cogitar a possibilidade de que nossa compreensão do mundo não corresponde à maneira como o mundo realmente é. Isso, por sua vez, nos faz explorar novas formas de compreendê-lo, e essas novas formas fornecem respostas melhores do que as oferecidas pelos antigos métodos.

Talvez até soubéssemos que essas formas de encarar o mundo existiam antes, mas, para nós, não passavam de uma grande tolice. Quem sabe até *continuemos* a achá-las uma tolice.

Mas... queremos nossa harpa de volta.

Então decidimos correr o risco. Reunimos coragem e nos abrimos para um conjunto de ideias diferente sobre que tipo de lugar o mundo pode ser na verdade.

A recompensa da Dra. Mayer foi muito mais importante do que a própria harpa. Nos casos como o dela, o retorno é muito maior do que parece. Nós recuperamos a *nós mesmos*. Descobrimos que, quando se trata daquelas três grandes perguntas da humanidade ("Quem somos?", "De onde viemos?" e "Para onde vamos?"), talvez existam respostas totalmente diferentes, que nunca ousamos imaginar.

A história de Mayer também mostra que você não precisa ter uma experiência tão dramática quanto uma EQM para obter essa mudança de perspectiva. Mas acredito que quem já passou efetivamente por essas experiências tem o dever de transmiti-la.

Como eu, Yvonne e Mayer exerciam a medicina e foram trazidas à força para este novo mundo. Elas se tornaram médicas que não tinham medo de compreender que o reino espiritual é real. Que não negavam que o outro mundo está tentando se comunicar conosco e que devemos parar para ouvi-lo.

Prezado Dr. Alexander,

Minha esposa Lorraine faleceu no dia 24 de junho de 2013. Fomos casados por 21 anos. Ela era uma pessoa muito espiritualizada e exercia a prática do Reiki. Lorraine tinha "guias espirituais" indígenas com os quais se consultava quando estava passando por momentos difíceis. Depois que ela morreu e me vi diante do desafio de encaixotar tudo para mudar de casa, sempre que eu me sentava na varanda para tentar relaxar uma borboleta-monarca aparecia e ficava voando perto de mim. Isso me parecia estranho, já que em 14 anos morando ali nunca vira uma borboleta voando sozinha; elas sempre apareciam em bando. No entanto, aquela estava só.

Cheguei a pensar que Lorraine tivesse voltado à Terra como uma borboleta, mas ainda não estava muito convencido. Encarava com ceticismo qualquer coisa que me soasse ligeiramente espiritual. Era o começo da minha jornada em busca da fé e da paz de espírito.

Quando Lorraine morreu, doei seu corpo para pesquisas médicas. Depois de um tempo ela seria cremada e suas cinzas me seriam devolvidas. Seu último desejo era ser enterrada perto de uma árvore para que seu espírito tivesse acesso fácil aos seus "guias".

Enquanto arrumava as coisas para a mudança, precisei separar os objetos pessoais de Lorraine. À medida que abria os compartimentos de sua caixa de joias, não parava de encontrar peças que representavam borboletas.

Quando já estava instalado na minha nova casa, recebi as cinzas dela. Fiquei me perguntando como iria realizar seu dese-

jo. Depois de duas semanas agarrando-me ao que restou da minha falecida esposa, bolei um plano. Pedi ao meu amigo Norman que me deixasse enterrar as cinzas de Lorraine em sua fazenda.

Cheguei à propriedade e começamos a procurar uma árvore forte e sólida onde ela pudesse descansar em paz. De repente, a borboleta-monarca surgiu e começou a voar perto de nós. Ela estava sozinha. Depois de acharmos o lugar certo, Norman me ajudou a cavar um buraco para acomodar as cinzas de Lorraine. Desamarrei o laço em volta da caixa e a abri. Dentro havia um saco plástico contendo o que restava da minha amada esposa. Então abri o saco e depositei suas cinzas em seu último jazigo. Durante todo esse tempo, a borboleta-monarca permaneceu no mesmo lugar. A essa altura, já estava praticamente convencido de que Lorraine estava ali na forma daquela borboleta.

Para reforçar minha crença, cerca de dez dias depois, telefonei para Norman para dizer que gostaria de lhe fazer uma visita. Assim que cheguei, adivinhe quem estava voando por lá, totalmente sozinha? Isso mesmo! Era a mesma borboleta-monarca que tinha aparecido na minha vida cerca de um mês antes. Você pode acreditar ou não na minha história. Mas eu acredito.

Don Entlich

Se o seu marido morreu e ele adorava canários, e no aniversário da morte dele você for ao cemitério e encontrar um canário pousado na sepultura dele, tem todo o direito de encarar isso como um sinal. Não dê atenção à voz em sua cabeça lhe dizendo que a presença do pássaro é apenas uma coincidência – a não ser que entenda a palavra *coincidência* no sentido mais profundo e apropriado de *sincronicidade*.

"*If you smile at me*", diz o verso de uma canção de Crosby, Stills e Nash que fazia sucesso quando eu estava na faculdade, "*I will understand, because that is something everybody everywhere does in the same language*". Ou seja, se você sorrir para mim, eu irei entender, pois isso é algo que todos fazem na mesma língua em qualquer parte. O universo fala uma só língua: a língua do sentido. O sentido é parte integrante de todos os níveis do universo – inclusive no nível em que vivemos, onde é mais difícil percebê-lo. É por isso que a maior reclamação das pessoas hoje em dia é que a vida parece não ter sentido. Mas, abaixo da superfície, a vida é puro sentido.

3

A DÁDIVA DA VISÃO

Onde não há revelação divina, o povo se desvia.

– Provérbios 29:18

Em seus escritos, Platão não usou o termo *turvo* – no sentido de obscuro, nebuloso – para descrever nossa situação, mas bem que poderia. Na Primeira Epístola aos Coríntios, São Paulo se expressou assim, quando disse que vemos o mundo através de "um reflexo obscuro, como em um espelho". A Terra, conforme sugere a sabedoria tradicional, é um lugar no qual é difícil enxergar com clareza.

Mas a visão que a vida terrena obscurece de forma tão radical não é a física. É a visão espiritual: aquela que nos permite enxergar o universo imaterial, assim como nossos olhos nos permitem ver o plano físico.

Duzentos anos atrás, quando a ciência ainda engatinhava, o poeta William Blake batizou essa recusa em reconhecer a existência do lado espiritual do mundo de Visão Única.

Agora percebo uma visão dupla...
Que Deus nos proteja
Da visão única e do sono de Newton.

O Newton a que Blake se refere é Sir Isaac Newton: matemático, físico, formulador da lei da gravidade e um dos maiores cientistas da história – talvez o maior de todos. Mas, apesar de todas as suas realizações, ele cometeu um erro. Em sintonia com René Descartes, dividiu o mundo em "interno" e "externo" e afirmou que apenas o último era real:

Minhas observações indicam que nada que não possua comprimento, largura e profundidade, podendo assumir várias formas e tipos de movimento, pode pertencer à natureza essencial do corpo. Elas também indicam que formas e movimentos são apenas estados, dos quais nenhuma força pode vir a existir separadamente; do mesmo modo que cores, cheiros, sabores e todo o resto não passam de sensações que existem em meu pensamento, e são tão diferentes quanto meu corpo é diferente da dor e o movimento é diferente do objeto que o inflige.

Assim que a ciência mediu tudo o que havia no mundo "externo", Newton e outros cientistas contemporâneos seus acreditaram que não havia mais nada a saber. Eles excluíram a consciência da equação. Por quê? Porque não era possível encontrá-la. Não era possível isolá-la, medi-la, pesá-la. Portanto, não podia ser real.

Nosso mundo ainda gira em torno dessa velha distinção entre matéria (o mundo "lá fora") e a mente (o mundo "aqui dentro") que Descartes estabeleceu. "Para o bem ou para o mal", escreve o psicólogo Lawrence LeShan em seu livro *A New Science of the Paranormal* (Uma nova ciência da paranormalidade), publicado em 2013, "vivemos em uma cultura científica. Podemos dar ouvidos a líderes religiosos, gurus e políticos, mas acreditamos que quem fala a verdade mesmo são os cientistas."

LeShan pergunta o que aconteceria se a ciência começasse a levar a espiritualidade a sério:

Seria senso comum dizer que os seres humanos são mais do que é revelado pelos nossos sentidos e que não estamos permanen-

temente presos dentro da nossa pele. Mas a realidade é que esse fato ainda não nos tocou de verdade. Isso não representa uma ameaça ao mundo externo. Continuo fazendo tudo como antes, mesmo depois de aprender que a mesa aparentemente sólida sobre a qual me debruço é apenas um espaço vazio com áreas compostas de massa, energia e velocidade ao seu redor, que ela é composta de, para usar a frase de Werner Heisenberg, um "espaço vazio assombrado por singularidades".

Nós acordaríamos do sono de Newton.

Dr. Alexander,

No dia 19 de agosto de 1999, meu pai foi internado na ala de doentes terminais do hospital da nossa região. Ele tivera uma série de derrames que o deixaram em estado vegetativo. Depois de muitas conversas com os médicos, a família decidiu que estava na hora de deixá-lo partir.

Na madrugada do 13º dia de internação, papai começou a respirar daquela forma ritmada que indica que o fim está próximo. O ambiente estava mergulhado na escuridão, exceto por uma luz noturna acoplada à parede que iluminava uma pequena parte do recinto.

Papai deu seu último suspiro. Seus pés e mãos já estavam frios. Eu estava sentado numa cadeira a cerca de 30 centímetros da cama. Quando ia me levantar para falar com minha irmã, que estava no sofá do outro lado do quarto, algo me chamou a atenção. Parecia que uma poeira tinha pousado na têmpora de papai. Pensei: "Como estou conseguindo ver esta 'poeira'?" O quarto estava completamente escuro, e mesmo assim eu conseguia ver aquela coisa iluminada! Olhei à minha volta em busca de alguma fonte de luz que pudesse estar incidindo sobre a cabeça dele – mas não havia nenhuma.

Fechei os olhos por alguns instantes, esfreguei-os com os dedos e voltei a abri-los; a "poeira" continuava ali, ainda inexplicavelmente visível. Aproximei-me dela, imaginando que isso a faria ser soprada para longe. Mas ela permaneceu onde estava. Então, enquanto eu olhava, uma pequena esfera, de menos de meio centímetro, começou a brotar debaixo da têmpora do meu pai. Tinha aquele azul intenso que se pode ver na base da chama de uma vela. E emitia raios brancos. A primeira coisa que me veio à mente foram fogos de artifício, mas as faíscas irradiavam em câmera lenta. Após cerca de um minuto, toda a esfera tinha vindo à tona e parecia estar pousada sobre a têmpora do meu pai.

Passados alguns segundos, a esfera levitou uns 60 centímetros e pairou ali por mais alguns instantes. Então, vagarosamente, subiu mais e flutuou em direção ao lado oposto do quarto, até que chegou ao teto e desapareceu.

Eu ainda estava sentado, olhando para onde a esfera tinha ido. Virei-me para minha irmã, esperando que ela dissesse alguma coisa – mas ela não falou nada. Não quis fazer nenhuma pergunta que pudesse induzir uma resposta, então eu apenas perguntei: "Você viu o que aconteceu?"

Minha irmã então respondeu: "Está falando da luz que acabou de sair da cabeça do papai?"

Acredito que Shakespeare tinha razão quando disse que "há mais coisas entre o Céu e a Terra do que sonha nossa vã filosofia".

David Palmer

"Você viu o que aconteceu?"
"O que foi isso?"
"Você sentiu o mesmo que eu?"

As pessoas fazem esse tipo de pergunta umas às outras em situações como a de David: quando um ente querido está partindo e algo inexplicável acontece. O método científico exige que um fenômeno seja testemunhado por mais de uma pessoa. E que possa ser repetido. É nesse aspecto que histórias como essa se tornam tão fáceis de serem desbancadas pelos céticos.

Ou pelo menos é o que a maioria das pessoas acredita.

Quando eu cursava a pós-graduação no centro médico da Universidade Duke, sempre passava por um prédio pequeno próximo ao campus chamado Instituto de Parapsicologia. Nunca lhe dei muita atenção. Sem dúvida um monte de gente bem-intencionada trabalhava duro lá dentro, tentando adivinhar cartas sacadas aleatoriamente de um baralho e coisas do gênero.

Experimentos desse tipo estavam de fato ocorrendo. O que eu não sabia era que essas experiências, conduzidas em universidades dos Estados Unidos, do Canadá, do Reino Unido e de vários outros países, tinham provado de forma praticamente irrefutável que a telepatia é real.

Mas o que resultou desta descoberta? Segundo LeShan, muito pouco. O problema não está no fato de os fenômenos inexplicáveis existirem ou não. Eles existem. O problema está em assimilarmos plenamente essa realidade. Em aceitá-la de corpo e alma. Em nos tornarmos algo diferente do que éramos antes.

É, na verdade, uma questão de *transformação*.

Nós sempre soubemos quem somos. Este conhecimento veio à tona, retornou às profundezas e ressurgiu incontáveis vezes em inúmeros lugares diferentes. É tão antigo quanto o Paleolítico (a Idade da Pedra, cerca de 30 mil anos atrás), quando nossos antepassados enterravam seus entes queridos em posição fetal, cobertos de flores e conchas, sugerindo que, embora seus corpos estivessem debaixo da terra, eles iriam renascer em outro mundo. E é tão recente quanto a confirmação experimental feita em 2014 do teorema de 1964 do físico John Stewart Bell de que partículas gêmeas separadas por milhões de anos-luz se moverão em sintonia instantânea uma com a outra, pois tempo e distância são ilusórios.

Nós *sempre* vivemos no universo real. Isso nunca mudou. Nós é que mudamos, repetidas vezes. Nós nos afastamos dele, nos reaproximamos e nos afastamos novamente. Mas nunca estivemos tão distantes, e por tanto tempo, quanto agora. Hoje conhecemos as consequências de tratar a natureza como um objeto – uma coisa sem vida que podemos manipular a nosso bel-prazer. Sabemos que o planeta está enfrentando sérios problemas. Mas nem todos têm consciência de que a solução está no mundo material e no espiritual – na necessidade de modificar não só a maneira como vivemos, mas de transformar a forma como respondemos àquelas três perguntas fundamentais da humanidade.

Por quê? Porque o único jeito de viver alegremente na Terra é estarmos iluminados pelo céu. Viver desconectado do céu é ser um escravo do anseio por completude que só pode ser suprido pelo conhecimento da existência. Esse desejo reprimido levou a muitos dos excessos que tantos danos trouxeram ao nosso planeta, a ponto de ameaçar sua própria sobrevivência.

Você já viu uma raposa em seu habitat natural? Eu cresci na Carolina do Norte, então vi muitas. Ver um animal dessa forma é uma ótima maneira de entender o que Newton, Galileu, Descartes e outros arquitetos da visão científica nos deram e o que tiraram de nós.

Tente imaginar o que um camponês da Idade Média via ao olhar para uma raposa. Ele via uma enorme quantidade de associações bíblicas, mitológicas e folclóricas que não necessariamente tinham a ver com o animal. A raposa era astuta, sensual, desonesta, pecaminosa... todas as características humanas que ela obviamente *não* possuía, mas que um indivíduo daquela época, treinado para ver a natureza pela ótica da Bíblia, não conseguia deixar de enxergar nela.

Quando a ciência se estabeleceu no século XVI, promoveu uma ruptura revolucionária com essas velhas associações. As raposas, descobriram os pioneiros da ciência, não eram seres ardilosos, sensuais e pecaminosos. Eram animais – membros caninos da classe dos mamíferos, que habitavam uma determinada extensão territorial e possuíam um período de gestação de cerca de cinquenta dias. Já não eram trapaceiras pecaminosas antropomórficas.

Para refletir sobre o mundo, Aristóteles usava a lógica, e não o método científico. Ele não ia a campo e realizava testes. No passado, ninguém havia se interessado em dissecar uma raposa; comparar sua estrutura craniana à de outros carnívoros; analisar como seu coração, fígado ou intestino diferia do da vaca, do ganso ou do ser humano. Os pais da Revolução Científica levaram o espírito da observação aristotélica um passo adiante. Não olhavam para o mundo e simplesmente refletiam a seu respeito – eles o desmantelavam até os mínimos detalhes.

Além de ser muito útil, essa nova e corajosa maneira de encarar o mundo era também profundamente honesta. *Respeite a realidade do mundo material*, era o que ela nos dizia. *Não se deixe confundir por um sistema religioso imaginário que aplica seus sentidos igualmente imaginários ao mundo e às coisas que o habitam. Saia e investigue o mundo por conta própria, e descubra como ele é de verdade.*

Isso é maravilhoso. Mas, é claro, sabemos o que aconteceu em seguida. Fomos longe demais. Ao mesmo tempo que avançamos na ciência, desenvolvemos uma visão de que o mundo e tudo o que existia nele não passavam de meros objetos a serem capturados, mortos, dissecados e, acima de tudo, *utilizados*. Em pouco tempo, as raposas – assim como todas as outras coisas –

passaram a ser julgadas pelo seu valor material, e só. A raposa se transformou em um predador de galinhas e de outros animais de criação úteis; a portadora de uma pele valiosa como vestimenta; um animal usado para alguns fins esportivos... e não muito mais do que isso.

Mas uma raposa é muito mais do que isso. É uma criatura multidimensional cuja forma perceptível é física, mas cuja verdadeira natureza é espiritual.

Assim como nós.

Após a morte, um homem não deixa de ser um homem.

– Emanuel Swedenborg

Recuperar essa visão multidimensional – que nos permite ver raposas, nós mesmos e tudo mais que existe na Terra dentro do contexto do universo espiritual – é a essência do casamento entre ciência e espiritualidade que finalmente está ocorrendo. Não se trata de uma visão de mundo "religiosa" no antigo e dogmático sentido do termo, nem "científica" no sentido reducionista e materialista da expressão. É uma forma de ver o mundo que nos permite estudá-lo cientificamente sem nos perdermos na perspectiva puramente materialista.

Mesmo antes da nossa era, alguns cientistas acreditavam que o racionalismo precisava ser reformulado se pretendia ser verdadeiramente útil. O escritor do século XVIII Johann Wolfgang von Goethe, um grande poeta e também um dos pais da ciência moderna, provavelmente estava se referindo às religiões dos mistérios quando escreveu os famosos versos abaixo:

...enquanto não tiver experimentado morrer para então germinar, não passará de um hóspede atormentado desta Terra sombria.

Mesmo hoje, como sugere Goethe nestes versos, devemos ser iniciados. Sem a iniciação no conhecimento da nossa verdadeira identidade e do lugar de onde viemos, ficamos perdidos. Para quem está cego pela falta desse conhecimento, o mundo se torna de fato um lugar muito sombrio.

Quando o grande cientista e matemático Blaise Pascal morreu, em 1662, esta mensagem foi encontrada em seu paletó.

O ano da graça de 1654.
Segunda-feira, 23 de novembro, dia de São Clemente, papa e mártir, e de outros no martirológio.
Vigília de São Crisógono mártir e de outros.
De cerca das dez e meia da noite até cerca de meia-noite e meia.
Fogo.
Deus de Abraão, de Isaque e de Jacó
E não dos filósofos e dos eruditos.
Certeza absoluta: além da razão. Alegria. Paz.
Esquecimento do mundo e de tudo, à exceção de Deus.
O mundo não te conheceu, mas eu te conheci.
Alegria! Alegria! Alegria! Lágrimas de alegria!

Gustav Fechner foi um respeitado físico do século XIX e um dos grandes nomes da psicologia experimental moderna. Em seu livro *The Religion of a Scientist* (A religião de um cientista), ele escreveu o seguinte:

Certa manhã de primavera, saí bem cedo de casa. Os campos estavam verdejantes, os pássaros cantavam e o orvalho cintilava... Então sobre tudo isso recaiu uma luz transformadora. Percebi que aquela era apenas uma pequena parcela da Terra, apenas um ínfimo momento em sua existência. Contudo, à medida que eu alcançava mais e mais com minha visão, ela me parecia tão bela, tão clara, tão inconfundivelmente angelical, tão rica, pura e viçosa, e ao mesmo tempo tão estável e sólida, tão linda e tão verdadeira que me perguntei como os homens poderiam ter conceitos tão equivocados a ponto de ver a Terra apenas como um torrão seco, e buscar por anjos nos céus vazios, sem jamais encontrá-los.

Goethe, Pascal e Fechner não possuíam o conhecimento científico que temos hoje, mas fizeram parte do mundo moderno, e cada um deles foi, em sua época, um gigante da ciência em cujos ombros ainda nos apoiamos. O mesmo pode ser dito do cientista do século XVII Emanuel Swedenborg. Ele passou a maior parte da vida como inspetor de minas na Suécia, um trabalho que exigia um conhecimento considerável de engenharia e física e uma habilidade prática em técnicas hidráulicas para extração de carvão e outros minerais em solos profundos. Swedenborg também era um exímio geômetra, químico e anatomista, e foi a primeira pessoa a formular um conceito rudimentar sobre a verdadeira função do cerebelo, a área do cérebro responsável por grande parte da coordenação motora. Ele era, sob todos os aspectos, um gênio.

Swedenborg tinha um interesse especial pelo cérebro e passou muitos anos tentando isolar a morada da consciência – a localização física daquilo que, em sua época, ainda era chamado de alma. Então, por volta da metade da sua vida, Swedenborg descobriu (nas palavras do psicólogo Wilson van Dusen, estudioso da vida e da obra do cientista) que estava "procurando no lugar errado". Entrou numa crise espiritual. Um momento de revelação fez seu velho mundo entrar em colapso e um novo universo surgir em seu lugar.

Swedenborg dedicou o resto da vida a estudar os mundos espirituais com o mesmo rigor que aplicara anteriormente ao estudo do universo físico. Foi o primeiro cientista moderno a tratar o céu como um lugar real, e o primeiro a tentar mapeá-lo.

Cultivando um estilo de "observação interna", entrando numa espécie de transe meditativo, Swedenborg catalogou uma grande quantidade de mundos, sobre os quais escreveu com riqueza de detalhes. Esses relatos algumas vezes eram um tanto bizarros, o que lhe rendeu problemas com os colegas cientistas e com os defensores do cristianismo. Os mundos que Swedenborg explorou tinham pessoas, árvores e casas. Ele falou com anjos e demônios. Descreveu, com a precisão de um meteorologista detalhando uma frente fria, o clima dos diferentes mundos espirituais que visitou.

A natureza de cada um desses mundos era determinada principalmente por um fator: a quantidade de amor ou de ódio presente nele. Se você fosse uma pessoa definida pelo amor, afirmava Swedenborg, terminava em uma das inúmeras zonas espirituais que, reunidas, compunham o que ele chamava de céu. Se fosse uma pessoa definida pelo ódio, acabava no inferno.

Swedenborg acreditava no antigo conceito de microcosmo, no qual cada um de nós é uma espécie de universo em miniatura. Se olharmos para dentro de nós mesmos da maneira certa, dizia ele, encontraremos não apenas o mapa do céu, mas o céu propriamente dito. Toda a nossa ideia de "externo" significando algo real e "interno" significando o mundo imaginário se baseia nas nossas experiências no domínio material, onde a consciência é mediada pelo cérebro e nos locomovemos por meio de um corpo físico que acreditamos definir quem somos. A verdade é que aquilo que experimentamos como nosso eu "interno" não está em nosso "interior". Quando alguém como Swedenborg afirma que existem mundos inteiros "dentro" de nós, não está falando sobre a nossa capacidade de imaginar lugares irreais. Ele está dizendo que o universo é um lugar mais espiritual do que físico, e que o universo espiritual possui muitos mundos – "muitas moradas", como disse Jesus.

Em outras palavras, mapear o céu era, para Swedenborg, não só ciência legítima; era algo de que necessitávamos para nos tornarmos verdadeiramente humanos.

Segundo escreveu o místico persa Najmoddin Kobra, o céu não é o "céu externo visível", pois existem "outros céus, mais profundos, mais sutis, azuis, puros, luminosos, inumeráveis e ilimitados". Outros céus de verdade? Sim. Kobra não estava falando de forma metafórica. Mas essas regiões só podem ser acessadas por quem está espiritualmente sintonizado com elas. Nos universos além do mundo físico, não é possível invadir territórios. É preciso entrar em sintonia com eles, harmonizar-se com eles. "Quanto mais puro você se torna", escreveu Kobra, "mais puro e mais belo o céu se apresenta aos seus olhos, até que você adentre a pureza divina. Mas a pureza divina também é ilimitada. Então jamais acredite que além do que você alcançou não existe mais nada, algo ainda mais elevado."

Eu sei que místicos como Kobra e cientistas como Swedenborg têm razão. O céu não é uma abstração; não é um sonho inventado a partir de um desejo ilusório. É um lugar tão real quanto o quarto, o avião, a praia ou a biblioteca em que você está agora. Ele tem objetos. Árvores, campos, pessoas, animais e até mesmo – se dermos ouvidos ao livro do Apocalipse, ao visionário persa do século XII Suhrawardi, ou ao filósofo e místico árabe do século XII Ibn 'Arabi – cidades de verdade. Mas as regras de como as coisas funcionam lá – as "leis da física do céu", digamos assim – são diferentes das nossas. A única regra de que precisamos nos lembrar é que vamos voltar para o lugar ao qual pertencemos e que seremos conduzidos até lá pela quantidade de amor que temos dentro de nós, pois o amor é a essência do céu. É de amor que ele é feito. O amor é a moeda corrente daquele reino.

O mais sensato é aplicarmos este princípio também a nossas vidas terrenas – amar *verdadeiramente* a nós mesmos como os seres espirituais eternos que somos e transmitir esse amor aos nossos semelhantes e a toda a criação. Quando nos tornamos canalizadores do amor incondicional de Deus pela criação ao demonstrarmos compaixão e capacidade de perdoar, levamos uma energia curadora a todos os níveis deste reino material.

É por isso que a principal qualidade exigida de nós, se pretendemos ter um vislumbre do céu enquanto estamos vivos, não é o intelecto, a coragem ou a perspicácia, mas a honestidade. A verdade pode ser abordada de milhares de maneiras diferentes. Como semelhante atrai semelhante, o que precisamos para alcançar a verdade é sermos verdadeiros com nós mesmos, até em relação ao que há de bom e de ruim dentro de nós. O universo é baseado no amor, e se não tivermos amor, o universo estará fechado para nós. Passaremos toda a vida declarando que o mundo espiritual não existe porque não conseguimos despertar o sentimento que seria capaz de nos abrir as portas do universo. Não é possível chegar à verdade mentindo. Você não pode viver com apenas uma parte de si mesmo, deixando para trás seu eu mais amplo e profundo. Se quiser conhecer todo o céu, precisa trazer a si mesmo por completo.

Dr. Alexander,

Li seu livro com grande interesse, pois tive uma experiência inexplicável cerca de 25 anos atrás e que ainda permanece viva em minha memória. Não foi uma EQM, pois eu não estava doente ou incapacitado. Eu estava saindo do tribunal e indo para o meu carro. Lembro-me especificamente de ter pisado em uma rachadura no cimento da calçada e ter tido uma consciência profunda de que tudo estava perfeitamente bem. Quando digo "tudo", estou falando no sentido mais amplo que você possa imaginar – incluindo o passado, o presente, o futuro, o universo, o cosmos, os acontecimentos, os eventos e as circunstâncias que já existiram, que existem hoje ou poderão existir um dia. Quando você fala de "ultrarrealidade" no livro, entendo perfeitamente o que quer dizer. A sensação de que tudo no universo estava bem – exatamente como devia ser – foi mais verdadeira, mais real e mais nítida do que qualquer experiência que já tivera na vida. Por ser advogado, sou treinado a questionar qualquer coisa, mas aquela sensação transcendia qualquer possibilidade de argumentação, questionamento ou dúvida. Enquanto voltava para o escritório, a sensação foi desaparecendo – e nunca mais voltei a tê-la.

Kenneth P.

4

A DÁDIVA DA FORÇA

Certa vez uma tigresa atacou um rebanho de bodes e cabras. Um caçador viu o ocorrido de longe e a matou. A tigresa estava prenhe e deu à luz um filhote antes de morrer. O filhote cresceu na companhia do rebanho. Foi amamentado pelas cabras e, quando cresceu, começou a comer grama e a balir como os bodes. Com o passar do tempo, o filhote tornou-se um grande tigre; mas ainda comia grama e balia. Quando era atacado por outros animais, fugia junto com o grupo. Um dia, um tigre de aparência feroz atacou o rebanho. Ficou espantado ao ver um tigre pastando com os bodes e as cabras. Deixou os outros animais fugirem e apanhou o tigre comedor de grama, que começou a balir e tentou escapar. Mas o tigre feroz o arrastou para a água e disse: "Olhe para o seu rosto na água. Está vendo, ele é do mesmo formato que um rosto de tigre; é idêntico ao meu." Em seguida, enfiou um pedaço de carne na boca do outro tigre. A princípio, o tigre comedor de grama se recusou a comer a carne. Depois provou e gostou. Por fim, o tigre feroz disse para o tigre comedor de grama: "Que desonra! Você vivia com os bodes e cabras e comia grama como eles!" E o outro tigre sentiu muita vergonha de si mesmo.

– Sri Ramakrishna, sábio hindu do século XIX

Quando eu era criança, adorava o Super-Homem. Como acontece com muitas crianças em relação a seus super-heróis preferidos, eu não só admirava o Super-Homem como me identificava com ele. Aos 6 ou 7 anos, não entendia como minhas irmãs não me davam atenção imediata quando eu aparecia com uma capa de pano de prato presa na gola do pijama. Será que não percebiam quem estava ali?

Mas não era a força do Super-Homem, sua capacidade de voar ou sua visão de raios-X que me atraíam nele, embora tudo isso fosse muito legal. Era o fato de ele *vir de outro planeta*. Embora conseguisse se integrar razoavelmente bem aos humanos, o Super-Homem não era terráqueo. Como o tigre na história de Ramakrishna, ele vivia em um mundo que acreditava que ele era uma pessoa quando, na verdade, abaixo da superfície, ele era outra completamente diferente.

É claro que eu não era a única criança que adorava o Super--Homem. Muitos amigos meus também eram fãs dele e de outros super-heróis: Homem-Aranha, Homem de Ferro, Hulk. Porém, ao olhar para trás (e reparar como esses mesmos heróis voltaram a ser populares hoje em dia), percebo que quase todos eles compartilhavam do mesmo dilema. Eram personagens com identidades secretas. O mundo achava que eles eram uma coisa, mas no fundo eram outra.

"O homem é um deus arruinado", escreveu Ralph Waldo Emerson em seu famoso ensaio intitulado "Natureza". Embora isso possa soar negativo, ele sugeria o mesmo que Ramakrishna na citação que abre este capítulo: somos algo extraordinariamente grandioso que, por engano, passou a acreditar que era insignificante. Quando reaprendermos a nos avaliar dessa forma, nos tornaremos mais fortes. Muito mais fortes.

No final do século XIX, os psicólogos fizeram uma descoberta muito interessante: reprimir uma verdade nos faz sofrer. Se sabemos que algo é verdade, mas vivemos fingindo que não, isso gera um conflito; o conflito impede que as diferentes partes de nós mesmos se comuniquem. Algumas são afastadas e ignoradas. E, quanto mais as ignoramos, mais raiva sentimos e mais frustrados ficamos. Um homem não pode servir a dois mestres, disse Jesus, e uma casa dividida não pode se manter de pé. Ao declarar isso, Jesus fez não só uma das maiores afirmações espirituais de todos os tempos, como também uma das maiores afirmações filosóficas já proferidas.

"O fiel", escreveu o sociólogo francês Émile Durkheim (1858-1917), "não é meramente um homem que testemunhou verdades desconhecidas para o infiel; ele é um homem *mais forte*. Ele sente que possui mais força dentro de si, seja para suportar as tribulações da existência, seja para superá-las. É como se estivesse acima das aflições do mundo, pois foi elevado para além da sua mera condição humana."

A fé move montanhas. Mas hoje nos dizem que, embora ela seja útil no sentido pragmático, é preciso ser ingênuo para tê-la. Dizem que para ter fé devemos reprimir o nosso lado realista e aristotélico e dar vazão ao nosso lado íntimo, sonhador e platônico. Em suma, devemos enganar a nós mesmos. A "ciência" tornou impossível pensarmos de forma otimista a respeito de quem realmente somos e para onde estamos indo.

Esse é um dos motivos pelos quais muitos leitores de *Uma prova do céu* que tinham uma formação científica ficaram perplexos com o livro. "Você não pode *provar* esse tipo de coisa", protestaram. E o curioso é que muitos leitores religiosos pensaram a mesma coisa. A fé e os assuntos relacionados a ela, argumentaram, não são assuntos que devem ser provados. Pegar uma questão espiritual e tentar demonstrá-la por meio de métodos adequados apenas para situações materiais – rebaixar questões espirituais ao status de um projeto de química – era o cúmulo da arrogância.

Concordo plenamente. Questões espirituais nunca poderão ser provadas ou refutadas usando o estilo antiquado da ciência originada no século XVI. Mas, e se encarássemos essas questões usando um tipo diferente de abordagem científica? Uma abordagem como a de Pascal, Fechner, Goethe ou Swedenborg?

Acho interessante que, assim como no caso desses cientistas, se analisarmos a vida e os ensinamentos de muitos mestres espirituais, perceberemos que o conhecimento e a fé nunca estão muito separados. A fé está muito mais preocupada com evidências. A Epístola aos Hebreus, na mais importante afirmação sobre a fé de toda a literatura, diz que ela é "a certeza daquilo que esperamos e a prova das coisas que não vemos".

Certeza. Prova. Essas palavras soam bastante científicas. O fato é que ciência e fé, as duas maneiras de compreender o mundo que definiram a nossa cultura, estão muito mais entrelaçadas do que costumamos pensar. "Para conhecer, é preciso primeiro crer", escreveu Santo Anselmo de Cantuária no século XI, parafraseando Santo Agostinho, que, quase um milênio antes, dizia: "Acredite para que possa compreender." Sem crer que existe uma ordem no mundo e que essa ordem pode ser conhecida, a ciência não é capaz de descobrir nada sobre a natureza do Universo. Conforme sugeriu Santo Anselmo, o verdadeiro conhecimento necessita da fé – de uma fé baseada na integridade fundamental da ordem que encontramos "lá fora", no universo, e "aqui dentro", em nós mesmos. Para entender o mundo, precisamos acreditar que ele tem sentido e que está aberto para ser compreendido. Eis o componente de fé oculto na ciência.

No fundo de tudo isso está a compreensão crescente de que, por mais numerosas que sejam as formas de abordá-la, existe apenas uma verdade. E essa é a verdade do velho mundo espiritual com a qual não tínhamos problema até a religião e a ciência aparecerem para obscurecê-la.

O fato é que *podemos* provar que o céu existe. O mundo espiritual é real e as pessoas têm contato com ele todos os dias. Você provavelmente já teve. E, lá no fundo, sabe disso. Mas provavelmente lhe disseram que o que você viu ou vivenciou não era real. Este é o legado negativo de gênios como Newton. Mas na ciência – na verdadeira ciência –, quando algo está fora de ordem, quando uma teoria já não se sustenta, ela é ajustada ou abandonada. Quer a ciência materialista goste disso ou não, é o que está acontecendo com ela agora.

Dr. Alexander,

Em 1952, aos 8 anos, fui diagnosticada com um abcesso cerebral. Passei por uma cirurgia e fiquei duas semanas em coma. Durante este período, acredito ter tido uma experiência de quase morte. Quando acordei, minha mãe estava ao meu lado e eu perguntei por que ela parecia tão preocupada. Ela me explicou que meu estado era muito grave, então eu lhe disse que não precisava se preocupar, pois eu estivera com a tia Julie. Julie era minha tia-avó que falecera recentemente. Lembrava-me de ter ficado sentada em seu colo e de ser consolada por ela. Podia ser um sonho, mas eu duvidava. Mesmo depois de tantos anos, a lembrança continua viva em minha mente. Eu me recuperei por completo e tenho uma boa vida. Seu livro me fez lembrar muito da minha história. Precisava dividir isso com você.

Jane-Ann Rowley

Sócrates, o mestre de Platão, demonstrou sua força na famosa ocasião em que foi condenado à morte por envenenamento por "corromper" as crianças de Atenas. Depois da morte de Jesus, a morte de Sócrates é uma das mais significativas da história ocidental. Platão assistiu à execução do mestre, e a descrição da serenidade heroica, sobre-humana, com que Sócrates bebeu a cicuta que seus algozes atenienses lhe deram é uma das cenas mais poderosas da literatura mundial. Platão sabia que morrer daquela forma tão nobre não era algo que se pudesse alcançar apenas com a força de caráter. O supremo destemor de Sócrates diante da morte era resultado do conhecimento do que ela realmente era: não um fim, mas um retorno ao verdadeiro lar.

No coração de toda crença espiritual está a intuição de que não somos aquilo que julgamos ser. De que não somos apenas seres feitos de pó, destinados a vagar pelo mundo por um tempo determinado para então desaparecer. É essa intuição – tão latente dentro de nós, sempre pronta para ser trazida à tona – que as tradições espirituais do mundo (especificamente os componentes iniciatórios dessas tradições) buscam despertar. *Você tem razão,* dizem as tradições espirituais através de sua rica variedade de mitos e ritos de passagem. *Você não é quem julga ser. Você é algo muito, muito maior. Mas, para se tornar este ser mais elevado, precisará morrer para o ser terreno e se tornar, também, um ser celestial.* Essas tradições nos fazem a mesma pergunta que o instrutor me fez no dia do meu primeiro salto de paraquedas.

Você está pronto?

5

A DÁDIVA DO PERTENCIMENTO

Acredito que as provas da existência de Deus vêm, acima de tudo, de experiências pessoais.

– William James

Na década de 1960, um biólogo marinho britânico chamado Alister Hardy, conhecido naquela época por seu trabalho sobre a biologia na Corrente do Golfo, criou um centro de pesquisa para estudar o componente "interno" dos seres humanos. Hardy julgava que este componente ainda não tinha sido bem explicado pela neurologia. Ele acreditava que a mente não se limitava ao cérebro e queria descobrir o que as pessoas comuns tinham a lhe dizer a respeito.

Ele e sua equipe prepararam uma série de questionários e coletaram mais de três mil relatos de pessoas que estabeleceram contato direto com essa dimensão interior. Hardy estava aberto a ouvir qualquer um que tivesse uma história legítima para contar; sua única condição era que fossem experiências reais – nada de sermões, tratados ou tentativas de convencê-los de algum dogma religioso. Hardy estava interessado em dados, não em conversão. Era um verdadeiro cientista – um investigador em busca da verdade. A única diferença é que ele escolheu procurar a verdade numa área em que a maioria dos colegas acreditava não haver verdade alguma.

Hardy não tentou esconder que seu trabalho seguia os padrões científicos tradicionais. Ele não poderia pegar um relato e pesá-lo numa balança. Mas isso não importava, pois sabia que, apesar disso, as histórias podiam ser reais. Ao ousar ter essa opinião, ele estava seguindo os passos do filósofo e psicólogo americano William James (1842–1910), irmão do romancista Henry James. William James havia revolucionado a exploração científica dos fenômenos espirituais com seu livro *Variedades da experiência religiosa*, de 1902. Nesta e em outras obras, James sugeriu que embora fosse impossível capturar experiências espirituais e examiná-las em laboratório isso não significava que elas eram ilusórias.

James – o que não é nenhuma surpresa, já que ele era psicólogo –, estava interessado em ouvir relatos de pessoas que tiveram experiências incomuns e queria levá-los a sério. Não de forma cega e acrítica, tampouco dentro dos limites de qualquer pensamento religioso, mas como potenciais peças do quebra-cabeça de quem realmente somos. *Variedades da experiência religiosa* é repleto de descrições de experiências místicas de religiosos reverenciados (como Santa Teresa de Ávila e São João da Cruz) e de pessoas comuns. James reconheceu que esses indivíduos tiveram experiências espirituais surpreendentemente parecidas entre si, tanto no conteúdo quanto nos efeitos que produziam. Ao contrário dos demais psicólogos da sua época, ele não via essas vivências incomuns como patologias que deveriam ser tratadas, mas como vislumbres de um horizonte mais amplo para a humanidade: pistas do que os seres humanos poderiam se tornar. O "movimento do potencial humano", que surgiu de forma vigorosa na década de 1960, deve sua existência em grande parte a ele.

James teve muitos detratores, mas ainda assim foi uma figura de muita importância em sua época. Mas, com a chegada do século XX e a guinada rumo à psicologia empírica (estudando ratos em labirintos, dissecando cérebros e outros métodos do gênero), os métodos de exploração sutis das quais James fora pioneiro caiu em descrédito. Quem se importava com o que um punhado de neuróticos tinha a dizer sobre ver os portões do Paraíso se abrirem ou falar com espíritos? Era óbvio que tudo isso não passava de invencionice.

Hardy foi uma das poucas almas científicas corajosas do século XX que perceberam que a perspectiva de William James era o verdadeiro futuro da psicologia e que duvidarmos disso seria um erro desastroso. Hardy ficou particularmente interessado nas experiências de um visionário holandês chamado Jacob Boehme (1575–1624). Um dia, ao observar um raio de luz se refletir num prato de peltre, Boehme teve uma visão da estrutura do mundo. Alguns anos depois voltou a ter a mesma visão, só que de maneira mais intensa. Boehme escreveu: "Naquele momento, os portões se abriram para mim de tal forma que, em 15 minutos, eu vi e compreendi mais do que se tivesse passado vários anos em uma universidade."

Boehme não era um místico delirante enclausurado em um mosteiro. Era um sapateiro. Não há nada mais mundano do que fazer sapatos. No entanto, ele vira além. Não é de surpreender que as autoridades religiosas locais não tenham ficado nada satisfeitas quando ele começou a escrever sobre o que vira nesses momentos de revelação. A religião dogmática não costuma aceitar que as pessoas tenham acesso direto aos reinos superiores. Mas sempre houve correntes religiosas abertas a essa possibilidade, e essas correntes também existem no mundo científico. Hardy percebeu que muitas pessoas tinham vivido momentos extraordinários como esse, mas não falavam a respeito por medo de não serem levadas a sério. Ele queria entender o que eram aqueles reinos, pois sabia que esse outro mundo não era vago e abstrato, mas fantasticamente poderoso. Nas palavras dele:

> *Em certas etapas de suas vidas, muitas pessoas tiveram experiências transcendentais profundas que as tornaram plenamente*

conscientes da presença desse poder. As experiências desse tipo são sempre muito diferentes de qualquer outra experiência que tenham tido antes. Elas nem sempre são consideradas religiosas, tampouco são privilégio daqueles que pertencem a alguma religião institucionalizada ou que participam de cultos de adoração coletivos. Muitas vezes ocorrem com crianças, ateus e agnósticos, e costumam gerar na pessoa envolvida uma convicção de que o mundo cotidiano não representa a realidade em seu todo, mas de que a vida possui outra dimensão."

O consultório de Hardy recebeu uma enxurrada de relatos deste gênero – e algumas de outros tipos. Parecia que não só muitas pessoas tinham passado por experiências semelhantes, como esperavam que alguém viesse lhes perguntar a respeito. Elas se sentiam ao mesmo tempo exultantes e aliviadas ao ver um cientista de verdade demonstrando interesse pelo que haviam passado. Muitas contaram a Hardy o que as pessoas costumam falar para mim:

"É a primeira vez que conto isso para alguém."

Caro Dr. Alexander,

Depois de viver 50 anos sem ver a morte de ninguém da minha família, no espaço de dois anos perdi sete pessoas muito íntimas e queridas. Nunca consegui me esquecer de algo que ocorreu durante a primeira dessas mortes, a da minha ex-sogra, Ann. Meu ex-marido estava no Afeganistão e levaria quatro dias para voltar aos Estados Unidos. Como não havia nenhum outro parente vivo (além das minhas filhas, que eram jovens demais), ele me pediu que ficasse ao lado dela.

Ann estava morrendo de enfisema, totalmente lúcida para uma mulher de 82 anos. Ela me contou várias coisas que tinham acontecido muitos anos antes. Passamos o primeiro dia "reatando" nossos laços, pois não nos víamos havia dez anos. Ela me agradeceu por estar com ela naquela hora. Estava muito preocupada com seu cabelo e sua aparência. Usava um chapéu vermelho quando cheguei, e toda hora levantava a mão para se certificar de que o chapéu estava ali. Tudo seguia o caminho natural: ela parou de comer, depois de beber, teve um último arroubo de energia, etc.

No dia em que morreu, ela me perguntou quando seu filho iria chegar. Eu lhe disse que dali a dois dias, e seu rosto assumiu imediatamente uma expressão aflita, como se soubesse que não poderia esperar tanto. Ela me puxou para junto de si e me contou que sua mãe e seu irmão estavam ali para levá-la. Não sei de onde tirei isso, mas lhe disse que, se eles estavam ali para levá-la, ela deveria ir, pois assim como estava vendo a mãe e o irmão novamente, ela também tornaria a ver o filho. Ela então abriu o sorriso mais sereno que já vi... um sorriso que dizia muita coisa.

Por volta das onze da noite, vi minha sogra falando com alguém, como se a pessoa estivesse à beira da sua cama. Mas não havia ninguém ali. Ela tirou o chapéu vermelho como se fosse entregá-lo a alguém, então o puxou relutantemente para junto de si; depois o estendeu outra vez, largou-o e deixou cair em seu colo. Abriu aquele sorriso, recostou-se e voltou a dormir. Eu fiz o mesmo, deixando o chapéu no colo dela.

Acordei à uma da manhã. Ela tinha morrido. Notei que ela havia se virado na cama e trazia uma expressão muito atormentada no rosto. O chapéu havia desaparecido. Chamei as enfermeiras e elas deram início ao procedimento necessário, removendo o corpo e arrumando o quarto. Às duas, meu ex-marido me telefonou. Passei o resto da noite na clínica de repouso, pois estava nevando muito e seria perigoso ir embora. Pela manhã, ao recolher os objetos pessoais de Ann, me dei conta de que o chapéu vermelho não estava entre seus pertences. Procurei em todos os lugares, pedi ajuda ao pessoal da limpeza, mas não houve jeito. Ele nunca foi encontrado.

Continuei a perder pessoas queridas. Uma de minhas melhores amigas morreu em um acidente de moto pouco depois. Em seguida, meu pai adoeceu. Um dia, pouco antes de morrer, estávamos sentados na varanda da casa dele, quando olhou para mim e disse: "Você a viu?" Perguntei: "Quem, papai?" Então ele descreveu a tal mulher que tinha acabado de "passar por ali" – e eu percebi que ele estava falando da sua irmã Natalie, que havia morrido quando ele era jovem.

Perguntei se ele tinha visto seu rosto na esperança de que ele me dissesse o nome dela, mas, em vez disso, papai me olhou com muita calma, apontou para a porta da frente e disse: "Não vi, mas, se você quiser vê-la de perto, ela entrou aqui em casa." Naquela noite, ele disse à minha mãe que Natalie tinha aparecido e que iria voltar para levá-lo à igreja. Ele morreu no dia seguinte. Nos dias que antecederam a sua morte, ele ficava olhando para o teto, estendendo os braços para cima e dizendo "uau", como se estivesse vendo a coisa mais linda do mundo.

Depois, foi a vez do meu tio Tony partir. E então da minha nova sogra. Em seguida, minha tia Jane, que era como uma mãe para mim, também faleceu. Ela tinha Alzheimer, doença de Parkinson e dois tipos de câncer. Não fazia ideia de quem eu era. Não reconhecia seus próprios filhos. Não se lembrava de que era casada com meu tio Joe.

Um dia antes de ela morrer, sua filha e eu fomos visitá-la em seu quarto. Ficamos surpresas ao vê-la vestida, sentada em uma cadeira e sorrindo. Assim que entramos, ela começou a falar. Contou-nos que seus irmãos haviam estado ali e que iriam voltar para buscá-la no dia seguinte. Dias antes, ela não seria capaz de reconhecê-los numa fotografia. Ela passou três horas falando sem parar. Estava lúcida, não parecia mais confusa e nos contou histórias sobre a sua vida. Ao final dessas três horas, ela disse que nós duas ficaríamos "bem", pediu que fosse para a cama e tornou a ficar confusa. Ela morreu na manhã seguinte, com uma expressão tão serena que parecia estar sorrindo.

Depois de todas essas mortes, coisas estranhas têm acontecido à minha volta. Algumas pessoas as chamam de "sinais"– eu não sei bem o que pensar e não comentei a respeito com ninguém por medo de acharem que enlouqueci. Sábado passado entrei numa loja com minha prima para comprar um cartão de aniversário. Ela virou para a direita para escolher um cartão, mas continuei seguindo em frente e não parei até chegar ao mostruário onde estava o seu livro. Comprei e li em quatro horas. Não acho mais que estou louca. Enquanto lia, fui preenchida por uma paz muito grande, que eu não sentia há muito tempo. Tudo fez sentido.

Peço desculpas por estar tomando tanto do seu tempo. Mas eu precisava lhe contar que a sua história mudou minha vida em vários sentidos. Acredito que algo (ou alguém) me atraiu até o seu livro. Obrigado por compartilhá-la conosco e por explicar cientificamente que essas coisas não só podem acontecer, como acontecem de fato. Que Deus continue a abençoá-lo, Eben Alexander – você estará para sempre nas minhas orações.

Quando recebo cartas como essa – tão poderosas em sua franqueza –, percebo que as pessoas me contam exatamente o que tantas outras contaram a Hardy e a James. Experiências assim são complicadas de descrever não só porque quem as vivencia tem medo do que os outros vão pensar, mas também porque são difíceis de traduzir em palavras. Contudo, por mais difícil que seja, essas pessoas *encontraram* palavras para descrevê-las e as colocaram no papel. Muitas disseram que *precisavam* fazer isso.

Eis um dos relatos que Hardy recebeu:

Decidi escrever sobre minha experiência depois de mantê-la em segredo por 40 anos. Eu tinha 16 anos e gostava de caminhar sozinha pelos arredores do meu vilarejo. Num fim de tarde eu saí, sozinha como de costume, para subir um caminho que dava na floresta. Não estava me sentido especialmente feliz ou triste, apenas normal. Também não estava procurando nada, queria somente dar uma caminhada para arejar a cabeça. Já estava quase chegando à floresta quando parei para olhar a plantação de milho e observar o horizonte. De repente tive uma espécie de branco. Não sei quanto tempo durou. Tudo ao meu redor foi tomado por uma luz branca, forte e cintilante, como o sol sobre a neve, como um milhão de diamantes, e não havia mais nenhuma plantação de milho, árvore ou céu, apenas essa luz em toda parte. Meus olhos estavam abertos, mas eu não estava enxergando com eles. A sensação foi indescritível, mas nunca voltei a sentir nada que se possa comparar àquele momento glorioso.

Aos poucos, os topos das árvores voltaram a ficar visíveis, depois o céu, a plantação de milho, e então a luz desapareceu. Fiquei um bom tempo parada ali, tentando fazer aquilo voltar, como venho tentando várias vezes desde então, mas só aconteceu uma vez. No entanto, sei que ainda está ali e em tudo ao nosso redor. Sei que o céu está dentro de nós e à nossa volta. Essa experiência maravilhosa me trouxe uma felicidade incomparável.

Nós vemos Deus no milagre da vida, nas árvores, nas flores e nos pássaros – acho graça quando ouço alguém falar de Deus como um homem –; eu sei que vi e senti isso, e sou humildemente grata pela rocha interna que me sustenta agora.

Muitas das experiências daqueles que responderam aos questionários de Hardy eram breves, mas transformadoras. Outra mulher escreveu o seguinte:

> *Meu marido faleceu no dia 6 de setembro e, por quase um ano depois da morte dele, sofri uma depressão profunda e nada era capaz de me consolar. Certa manhã, eu estava na banheira, arrasada demais para pensar em qualquer coisa, quando um brilho dourado com um ponto preto na base surgiu na minha cabeça. Nunca tinha visto nada parecido. Por alguns segundos, senti muito medo, mas então percebi que era o meu marido. Chamei o nome dele, mas em seguida o lindo brilho dourado começou a desaparecer; desde então, nunca mais tornei a vê-lo. Isso me trouxe uma grande paz de espírito. Também creio que minha fé se tornou muito mais forte como resultado desta experiência.*

Quando você obtém um vislumbre dos mundos mais elevados e tem a sensação de pertencimento que eles inspiram, pode entrar em contato com eles novamente por meio de várias experiências. Muitas das coisas que você gosta de fazer, mas não sabe explicar *por quê*, produzem bem-estar justamente porque o reconecta com esses mundos. O surfe, por exemplo, é uma forma poderosa de entrar em contato com os planos espirituais. Eu adoro esquiar, e se você algum dia já esquiou, conhece a sensação de descer uma encosta íngreme. Uma parte de você é despertada quando isso acontece. É uma parte física, mas é também *mais* do que física.

Como médico, sei que, quando seu corpo é estimulado de forma natural ou artificial, uma série de coisas ocorre no cérebro. Cada prazer que experimentamos é visível na atividade neuronal, e tanto o "barato" que sentimos ao saltar de paraquedas quanto o que sentimos ao ingerir uma droga atingem basicamente as mesmas regiões cerebrais.

O engano aqui é analisarmos essa atividade neuronal e buscarmos explicar toda a experiência da consciência através dela. Experimentamos a vida por meio do cérebro enquanto estamos em nossos corpos. O corpo é a estação de comutação entre o "aqui" (o corpo) e o "além" (os mundos que se estendem além do físico). Mas isso não significa que o cérebro é a *causa* da experiência de consciência. É muito mais complexo do que isso. O cérebro e a consciência estão em constante conflito; o primeiro tenta bravamente nos manter vivos e fora de perigo. Quando um dependente procura se sentir bem ao consumir drogas, de certa forma ele está procurando se libertar do controle que o cérebro físico exerce sobre nós. O "barato" sentido pelo dependente químico e pelo surfista é um meio de transcender momentaneamente os grilhões do corpo. O problema com a droga é que esta libertação é enganosa. O cérebro é *forçado* a abdicar do seu controle sobre a consciência, e, quando o efeito passa, o usuário cai de volta em sua corporalidade. Ele desaba com toda a força no chão, e, a cada nova partida e retorno que faz, danifica tanto sua alma quanto seu corpo. Aqui na Terra, todos os baratos têm fim. Mas no céu não. Lá, essa sensação é constante.

Muitos dos relatos que Hardy coletou são recordações de experiências que ocorreram ainda na infância – às vezes seis ou sete décadas no passado. Mas, para essas pessoas, a memória era tão vívida que tudo parecia ter acontecido poucos dias antes.

Isso é altamente sugestivo. Em geral, as crianças se sentem à vontade com a ideia de que existe mesmo uma realidade invisível. Elas transitam em meio a coisas invisíveis, mesmo habitando o mundo tangível dos adultos. Mas não se deixam enganar. Assim como eu com a minha capa de Super-Homem, as crianças sabem muito bem qual mundo é o mais importante.

Então, por volta dos 6 ou 7 anos, essa conexão é interrompida. Desse ponto em diante, dia após dia, as regras do mundo adulto assumem o controle. Sobre isso, o poeta escocês Edwin Muir (1887–1959) escreveu:

> *Crianças possuem um conceito próprio da existência humana, do qual provavelmente não se lembrarão depois que o perderem. Penso nesse conceito ou visão como um estado em que o mundo, as casas que nele existem e a vida de cada ser humano estão relacionados ao céu que se estende acima deles; como se o céu estivesse ligado à Terra, e a Terra, ao céu. Determinados sonhos me convencem de que as crianças possuem essa visão, na qual existe uma harmonia mais plena entre todas as coisas que elas jamais irão recuperar.*

A infância é um período em que o céu e a Terra estão essencialmente unidos. Mas, à medida que envelhecemos, eles se afastam um do outro – às vezes um pouco, às vezes muito. Entretanto, por mais distantes que esses dois mundos se tornem, recebemos sinais de que o céu ainda está ao nosso alcance.

Em *The Original Vision* (A visão original), Edward Robinson cita o relato de um indivíduo sobre experiências espirituais na infância: "Se foi uma alucinação, por que me lembro dela como a experiência mais real e mais vívida que já tive? Foi como agarrar um fio desencapado quando você achava que iria pegar um fósforo."

Conforme sugeriram William James e o classicista Frederic W. H. Myers no final do século XIX, assim como o escritor Aldous Huxley em meados do século XX, há fortes evidências de que o cérebro funcione como uma espécie de "válvula redutora" para a consciência. Nossa percepção fica mais aflorada quando estamos "fora" do cérebro, por assim dizer, do que quando estamos nele. Outro sujeito que respondeu à pesquisa de Hardy relatou:

Desde a infância, sempre tive a sensação de que a verdadeira realidade não está localizada no mundo, conforme as pessoas julgam. A mente está o tempo todo tentando criar um símbolo suficientemente compreensível para contê-la, mas sempre fracassa. Existem momentos de pura alegria, em que é possível alcançar uma percepção mais apurada das coisas à nossa volta, como se uma grande verdade tivesse se revelado... Às vezes, tenho a impressão de que o cérebro físico não é grande o suficiente para canalizá-la.

Àqueles que ainda estão seduzidos pelo conceito simplista de que "o cérebro cria a consciência" – e àqueles que talvez fiquem na defensiva quando menciono que a destruição do meu neocórtex expandiu enormemente minha consciência durante o coma –, gostaria de ressaltar dois fenômenos clínicos frequentes que desafiam esse modelo reducionista de que o cérebro cria a mente: 1) a *lucidez terminal*, em que pacientes idosos dementes, ao se aproximarem da morte, muitas vezes têm surpreendentes acessos de reconhecimento, memória, insight e reflexão, normalmente tomando consciência da presença de almas de pessoas já falecidas que estão ali para conduzi-los ao reino espiritual; e 2) a *síndrome de savant adquirida*, na qual algum tipo de dano cerebral, como os vistos em casos de autismo, lesões na cabeça ou derrames, desencadeia uma capacidade mental sobre-humana, como habilidade matemática avançada, intuição, talento musical ou memória fotográfica para números, nomes, datas ou cenas. Não há explicação dentro dos nossos conceitos neurocientíficos simplistas para ocorrências tão incríveis e contrárias à lógica.

À medida que mergulhava mais fundo no mistério da minha jornada, percebi que a própria consciência é a única coisa que todos temos certeza de que realmente existe. A neurociência argumentaria que *tudo* o que vivenciamos desde que nascemos limita-se à atividade eletroquímica (frequência, vibração) de 100 bilhões de neurônios que interagem em uma massa gelatinosa extraordinariamente complexa de cerca de 1,5 quilo, que conhecemos como cérebro.

Atualmente, o epicentro da pesquisa científica sobre a consciência é a Division of Perceptual Studies (Divisão de Estudos de Percepção – Dops) na Universidade da Virgínia, onde os pesquisadores Ed Kelly, Emily Williams Kelly e Bruce Greyson, entre outros, estão empenhados em ressuscitar o extenso trabalho realizado por pesquisadores como Myers e James na virada do século XX e trazê-lo de volta à atenção do público. Se qualquer coisa neste pequeno livro atiçar uma chama dentro de você e instigá-lo a ir mais fundo, gostaria de sugerir a leitura do estudo volumoso, porém revolucionário, publicado por eles: *Irreducible Mind: Toward a Psychology for the Twenty-First Century* (Mente irredutível: rumo a uma psicologia para o século XXI). O livro é longo e difícil, pois o grupo que trabalha na Dops é formado por cientistas que buscaram oferecer uma resposta completa às objeções mais comuns à ideia de que a consciência sobrevive à morte do cérebro.

Como seres humanos, temos um potencial inimaginável. Estamos apenas começando a compreender o que realmente somos – algo como seres cósmicos em estado embrionário. Quando tudo está funcionando em harmonia, o corpo não é simplesmente uma âncora que obscurece nossa realidade espiritual, mas uma ferramenta para trazê-la à Terra. O mesmo se aplica ao cérebro, conforme vemos em casos de gênios e crianças prodígio. Não se engane: há um motivo para sermos seres espirituais tendo uma experiência terrena. Estamos aqui para aprender, mas trazemos ferramentas muito mais extraordinárias para alcançar esse aprendizado do que julgamos. Nossa odisseia pelo mundo material não é apenas um teste, e definitivamente não é uma punição, e sim um capítulo da história, da evolução, do próprio cosmos: pois somos um dos maiores experimentos de Deus, e as esperanças divinas estão depositadas em nós de tal maneira que vai quase infinitamente além da nossa capacidade de imaginar.

As pessoas que responderam aos questionários de Hardy 30 anos atrás, e aquelas com que me encontro e converso todos os dias, dizem a mesma coisa, a única verdade que existe. A realidade do céu está derrubando as muralhas de negação que erguemos ao nosso redor e ouvimos sua mensagem outra vez: nós somos amados. Nós somos reconhecidos. Nós somos aceitos.

Há uma sensação que costumava me invadir de tempos em tempos, como um tipo de insight. Lembro-me dela como uma sensação de realidade e conhecimento intensos, como se tivesse visto e compreendido como as coisas são de verdade debaixo das aparências. Nesses momentos, eu não via cores tremeluzentes nem me sentia grandioso ou ouvia estranhos mantras entoarem de dentro de mim; em vez disso, via o mundo comum de forma muito clara e infinitamente detalhada, e sabia que tudo estava interligado.

A pessoa que redigiu esta descrição para Hardy provavelmente não era cientista. Mas o relato dela não difere do que físicos modernos falam quando afirmam que, no nível material, não há uma separação real entre nada que existe.

Outro sujeito que participou da pesquisa escreveu:

À medida que eu crescia, ficava cada vez mais perplexo ao ver que muitas pessoas viviam em um mundo muito diferente do meu. Elas eram capazes de matar outros seres sem sofrer, de dormir sem sonhar, ou de sonhar em preto e branco. Elas aparentemente tinham a sensação de estar limitados dentro de sua pele, e as coisas que viam, ouviam e sentiam pareciam separadas umas das outras, como realidades distintas. O mundo objetivo parecia real para a maioria das pessoas, e o mundo subjetivo, irreal ou inexistente.

As cerimônias de iniciação de muitos povos tradicionais ocorrem justamente por volta da época em que o período de "inocência" infantil, em que nos conectamos diretamente com o mundo espiritual, chega ao fim. Quando perdemos essa conexão infantil inicial, essa sensação de pertencimento, a religião entra em cena e nos ajuda a recuperá-la. Sociedades tradicionais, conscientes da conexão profunda que as crianças possuem com o lado espiritual do universo, sabiam quando era a hora de fazer isso, de ajudar o adulto que surgia a codificar o conhecimento do céu que ele possuíam quando criança de modo que nunca fosse perdido.

Se alguém pedir que definamos a religião nos termos mais amplos e gerais possíveis, poderíamos dizer que ela consiste na crença de que existe uma ordem invisível, e que nosso bem supremo consiste em nos ajustarmos a ela de forma harmoniosa.

– William James, *Variedades da experiência religiosa*

Nem preciso dizer que é isso que as religiões da atualidade também deveriam fazer. Mas o fato é que uma criança na floresta tropical amazônica de 6 mil anos atrás possuía as ferramentas necessárias para lidar com o mundo material sem perder a conexão com o mundo espiritual, mas as crianças de hoje não. Com isso, não pretendo depreciar o cristianismo ou qualquer outra tradição religiosa moderna. Quero apenas dizer que essas crenças precisam se unir umas às outras e à ciência para criar uma nova visão, que englobe ciência *e* religião, e que ensinará às crianças formas de se manter em contato com o mundo espiritual a todo momento. Precisamos nos tornar uma cultura que, como tantas outras no passado, ensina a seus membros a se manterem conectados à "linha dourada" durante a vida inteira.

Thomas Traherne, um clérigo do século XVII cujos escritos foram descobertos por acaso apenas no final do século XIX, escreveu que "você jamais gozará corretamente do mundo até que o próprio mar corra pelas suas veias, até que esteja vestido com o céu e coroado pelas estrelas – e até que perceba a si mesmo como o único herdeiro de todo o mundo, e mais do que isso, pois os homens que nele habitam são, assim como você, seus únicos herdeiros".

Herdeiros: eis a palavra perfeita. De uma perspectiva material, conforme observado antes, somos seres cósmicos. Os oceanos literalmente correm pelas nossas veias, pois o sangue é quase idêntico à água salgada a partir da qual nossos corpos animais se desenvolveram. Da mesma forma, os átomos de cálcio que compõem os nossos ossos e os átomos de carbono que compõem 18% do nosso corpo foram forjados bilhões de anos atrás no coração de estrelas antiquíssimas – estrelas que, quando se degradaram até se tornarem anãs brancas e voltarem a explodir, lançaram esses átomos pelo universo, onde eles se uniram a outros elementos complexos para formar planetas como este e os seres que nele habitam. Mas também somos seres espirituais: os herdeiros do céu. Nossas heranças material e espiritual não são duas coisas separadas, mas estão entrelaçadas. De uma perspectiva aristotélica "externa", somos "feitos" da terra. Mas de uma perspectiva platônica/iniciatória, somos feitos de barro celestial – do que os místicos da Pérsia do século XII chamavam de "a terra do céu". Pertencemos aos dois mundos.

6
A DÁDIVA DA ALEGRIA

É nos momentos de alegria suprema que aquilo que realmente somos se torna mais visível.

– Medhananda, místico hindu-germânico do século XX

Os mundos superiores possuem qualidades muito além da minha capacidade de descrever. Mas posso dizer o seguinte: eu estava pronto para elas. Embora tenham me surpreendido com sua novidade e frescor, elas também me eram familiares. Eu já havia sentido aquilo tudo antes. Não como Eben Alexander, mas como o ser espiritual que eu era muito antes desta encarnação e que voltarei a ser quando os elementos materiais que compõem o meu corpo físico tiverem se dispersado.

Esses mundos superiores não são uma ideia genérica, vaga. São profundamente vivos e tão reais quanto uma coxinha de frango, um reflexo no capô do carro ou o primeiro amor. É por isso que descrições do céu trazidas por pessoas como Swedenborg podem soar completamente malucas. Sei muito bem que a minha própria história parece louca e entendo que as pessoas sintam dificuldade em acreditar nela. Como muitas coisas na vida, fatos assim parecem absurdos até você ver com seus próprios olhos.

Existem árvores nos mundos acima deste. Existem campos, animais e pessoas. Existe água, também – água em abundância. Ela corre pelos rios e cai na forma de chuva. Peixes nadam nos rios. Mas não são peixes abstratos; eles são reais. Tão reais quanto qualquer peixe que você já tenha visto, e talvez até mais reais. A água é como a água da Terra, mas, ao mesmo tempo, é diferente. É difícil explicar, mas ela parece *mais* do que a água terrena. Como se ela tivesse mais próxima de sua fonte original. Você sente uma imensa familiaridade por ela, e percebe que admirava as águas terrenas porque se lembrava dessa água primordial.

Não pretendo depreciar a natureza terrena. Quero apenas dizer que agora a vejo sob uma nova perspectiva. E explicar que, quando chegamos ao céu, tudo continua lá. Só que mais real. Menos sólido, mas ao mesmo tempo mais intenso – mais *presente*. Os objetos, as paisagens, as pessoas e os animais irradiam uma explosão de vida e cores. O mundo superior é tão vasto, diversificado e povoado quanto este aqui, mas em uma escala infinitamente maior. Mas, apesar dessa enorme variedade, não há a sensação de *alteridade* que caracteriza a existência física, onde uma coisa é apenas ela própria e não tem nada a ver com as outras ao seu redor. No mundo espiritual, nada está isolado, nada está desconectado. Tudo é *um*, sem que essa unidade signifique homogeneidade. O escritor C. S. Lewis abordou maravilhosamente a questão quando afirmou que a unidade de Deus não deveria nos fazer pensar em um grande e insípido pudim de tapioca. Não se trata *deste* tipo de unidade.

Vislumbrar o mundo espiritual apenas por um instante pode nos deixar com o coração partido pela súbita lembrança da sua existência. Mas também pode curar nosso coração, pois nos lembramos de onde viemos e sabemos para onde retornaremos um dia. Vimos o mundo fora da caverna, e tudo mudou para sempre.

Ultrarreal, algo mencionado com frequência em descrições de EQM, é um conceito fundamental aqui. Como disse ao meu filho mais velho, Eben IV, que estudava neurociência quando recebi alta do hospital: "Era tudo *real demais para ser real!*" Sabendo que todas as vezes que alguém revisita uma memória corre o risco de alterá-la, ele me aconselhou a anotar tudo o que eu pudesse me lembrar da minha jornada antes de ler qualquer coisa sobre experiências de quase morte, física ou cosmologia. Oito semanas depois, já tinha escrito mais de 20 mil palavras, então mergulhei de cabeça na literatura sobre EQMs. Fiquei pasmo ao descobrir que mais da metade das pessoas que passaram por experiências como a minha relatam que o lugar que visitaram parecia muito mais real do que este em que vivemos. É um conceito difícil de transmitir para os materialistas, mas é animadoramente fácil de compartilhar com aqueles que estiveram lá.

Uma propriedade curiosa de lembranças dessas EQMs transcendentais e ultrarreais é que elas são permanentes e mudam a sua vida. São memórias que não desaparecem, como acontece com a maioria das memórias geradas no cérebro. Já aconteceu de pessoas virem falar comigo para contar em detalhes experiências que viveram sessenta, setenta anos antes, como se tivessem ocorrido no dia anterior. Quando me aprofundei na leitura de relatos sobre a vida após a morte e em escritos de místicos e profetas de milhares de anos atrás, notei semelhanças profundas entre os casos.

Aquele reino é muito mais real do que este reino material turvo e nebuloso. Acredito que existe um véu entre os dois, erguido de forma engenhosa por uma inteligência superior à nossa, que foi posto lá por um motivo: o plano terreno é onde devemos aprender lições de amor incondicional, compaixão, perdão e aceitação. O conhecimento sobre nossa natureza espiritual não deve ser tão claro quanto a lua que brilha no céu. Nossa capacidade de aprender as lições mais importantes da vida dependem do fato de aquele conhecimento mais completo que nossas almas possuem estar parcialmente ocultado de nós.

Como pode ser? Como podem haver outros mundos onde encontramos coisas, situações e seres semelhantes aos que existem aqui? A maneira mais fácil de entender isso seria usando um modelo do universo utilizado em muitas tradições da Antiguidade, especialmente pelos místicos da Pérsia Antiga. Este modelo mostra o universo como largo no fundo e pontudo no topo – como um chapéu de feiticeiro. Imagine este chapéu largado no chão. A parte de baixo, o círculo largo e plano do chapéu que cobre o solo, é o reino terreno. Agora imagine que ele tenha uma série de níveis internamente, que vão ficando cada vez mais estreitos à medida que subimos. Esta é uma forma muito clara (embora imensamente simplificada) de descrever a ascensão da alma pelos reinos espirituais. Esses mundos não ficam menores à medida que ascendemos. Pelo contrário. Eles ficam mais amplos, mais impossíveis de descrever. Mas, em um sentido espacial, ficam menores *sim*, pois o espaço deixa de existir da maneira como existe aqui. A própria noção de espaço se torna menos importante, pois sua natureza ilusória fica mais aparente. Nesses reinos superiores, experimentamos diretamente o que o teorema de Bell, que mostra como duas partículas em extremidades opostas do universo podem interagir sem qualquer atraso de tempo, revela de forma abstrata. O universo é *Um*.

A sabedoria tradicional nos diz que, no topo, toda a extensão desaparece. Ali – na ponta do chapéu do feiticeiro –, todas as nossas noções terrenas de espaço, tempo e movimento, que se tornam mais espiritualizadas à medida que ascendemos, somem por completo. Ali não há espaço, tempo... nenhum dos pontos de referência que usamos onde estamos agora.

A única coisa que conhecemos aqui na Terra que permanece acima daquele ponto é o amor. Deus é amor e, em nosso nível mais profundo, nós também. Não estou falando de um amor abstrato. Isso não existe. O amor é mais sólido que uma rocha, mais estrondoso que uma orquestra completa, mais vigoroso que uma tempestade, tão frágil quanto uma criatura inocente e mais forte que mil sóis. Essa não é uma verdade que possamos conceituar, mas que todos um dia iremos experimentar.

> *As barreiras começaram a ruir e os véus começaram a cair um a um em minha mente. Começou como uma felicidade egoísta, mas então quis compartilhá-la com outras pessoas; primeiro com aquelas mais próximas de mim, depois com um círculo mais amplo, até todos estarem inclusos. Sentia que agora poderia ajudar todo mundo, que não havia nada fora do meu alcance – me senti onipotente. O êxtase se aprofundou e tornou-se mais intenso. Comecei a gritar. Tive certeza de que tudo estava bem, de que a bondade era a base de tudo, de que todas as religiões e a ciência eram o caminho para essa realidade suprema.*

Assim como o participante da pesquisa de Hardy que deu o depoimento acima, quando recuperei a fala e meu cérebro voltou a funcionar plenamente, o que eu mais tinha a oferecer ao tentar descrever o mundo espiritual era entusiasmo e alegria. Eu usava uma variedade enorme de adjetivos, e, quanto mais os repetia, menos as pessoas entendiam o que eu estava tentando dizer. *Lindo. Extraordinário. Maravilhoso. Deslumbrante.*

Eu voltara de um mundo que não só empobrecia qualquer tentativa de descrição como também fazia picadinho das próprias categorias de descrição existentes na Terra. Há um número infinitamente maior de maneiras de sentir, experimentar e se comunicar nos mundos acima deste, e quando retornei com a memória daquele catálogo tão mais vasto de percepções e sensações, era como tentar explicar algo que tem três dimensões para uma pessoa que só conhece duas. (Aliás, essa é uma ideia desenvolvida pelo clérigo e matemático Edwin Abbott em seu romance *Flatland* [Terra plana], de 1884, no qual um homem que viaja a um mundo tridimensional fica frustrado ao voltar para o seu mundo de duas dimensões e tentar contar a experiência a seus amigos.)

Mas não importa quanto seja difícil trazer notícias desses reinos para a vida terrena: é fundamental que aqueles que tiveram essas experiências tentem fazê-lo mesmo assim. Essas descrições são o alimento de que necessitamos hoje. Mapear esses mundos superiores de forma humilde é essencial para nos curarmos. Todos estamos conscientes da quantidade de dúvida e desespero que existe hoje. Se você tem fé, provavelmente está em melhores condições do que aqueles que não têm. Mas, se passar a ver a religião, a espiritualidade e a ciência como parceiras empenhadas em mostrar o universo como ele é de verdade, acredito que poderá ser tornar ainda mais forte.

Goethe, Fechner, Pascal, Swedenborg e outras mentes científicas encontraram essa força quando também se tornaram espiritualizados. Nestes indivíduos revolucionários, seus eus terrenos/externos e seus eus celestiais/internos deixaram suas diferenças de lado e se uniram.

Quando isso acontece, vemos que o universo é um lugar profundamente ordenado num nível físico *e* espiritual. A ordem e o sentido que percebemos estar em ação em nossa mente são os mesmos que vemos no mundo externo. E ter um vislumbre dessa ordem é suficiente para transformar a tristeza em alegria.

Natalie Sudman, autora de *The Application of Impossible Things* (A aplicação das coisas impossíveis), um livro extraordinário sobre a experiência de quase morte que ela vivenciou durante a Guerra do Iraque, quando o veículo em que estava explodiu, coloca essa questão da melhor forma possível:

Os budistas dizem: "A dor é inevitável, mas o sofrimento é opcional." Quando compreendo que sou a arquiteta da minha experiência e que a minha vida tem sentido como ela é, sofrer torna-se impossível. Mesmo consciente em um veículo carbonizado; deitada em uma cama de hospital com uma dor excruciante; vomitando tudo o que tinha no estômago por conta de uma ressaca de anestesia; ou diante da perspectiva de passar cinquenta anos com visão dupla, sou lembrada da alegria que experimentei de forma tão nítida fora do meu corpo. Não se trata de felicidade, que me parece mais uma reação ao ambiente e às circunstâncias do que um estado de espírito constante. Posso estar deprimida, assustada, preocupada, irritada ou nervosa com as circunstâncias ou o ambiente ao meu redor, mas ao mesmo tempo me sentir interessada, curiosa e até empolgada com essas mesmas circunstâncias, com minhas próprias atitudes e emoções enquanto passo por tudo isso. Nem sempre gosto de estar neste mundo, mas sempre sinto a alegria fundamental de ser uma pessoa consciente, criativa e expansiva que vive e consegue perceber a graça por trás disso.

Foi a descoberta da realidade de outros mundos que trouxe essa alegria a Natalie. Foi o mesmo tipo de descoberta que, em circunstâncias diferentes, o poeta William Butler Yeats (1865–1939) fez durante a experiência que descreveu: "Sei agora que a revelação vem do eu, mas daquele eu que é uma memória ancestral, que molda a concha de um molusco e a criança no útero, que ensina os pássaros a fazerem seus ninhos; e agora sei também que a genialidade é uma crise que une esse eu profundo por alguns instantes à nossa mente cotidiana trivial." Yeats não estranhava momentos de iluminação repentina, em que via a Terra sob a luz do céu e compreendia que o mundo "celestial" não estava no além. Não estava lá fora, em algum outro lugar, mas aqui mesmo, entrelaçado na trama do que muitas vezes parece uma existência banal e comum. É o que ele expressa no poema "Vacilação":

Meus cinquenta anos vieram e foram embora,
Eu me vi sentado, solitário,
Em um café londrino cheio de pessoas,
Um livro aberto e uma xícara vazia
Sobre o tampo de mármore da mesa.
Enquanto do café a rua observava
Meu corpo de repente inflamou-se;
E durante cerca de vinte minutos
Pareceu-me, para minha grande felicidade,
Que eu era abençoado e podia abençoar.

Nós vagamos por um mundo de escuridão. Então, algo acontece – pode ser um gesto inesperado de bondade, um reflexo de luz em um jarro, uma EQM em que somos transportados para outra dimensão – e, de repente, o mundo se abre para nós. Passamos a ver o que existe por trás dele. Vemos o que estava ali o tempo todo, mas que éramos impedidos de enxergar por nossos olhos limitados.

Desde adolescente eu tinha dúvidas sobre a existência de Deus. Sempre tive dificuldade de me identificar com qualquer religião, mas também sempre me senti atraída a abraçar algo "além". O ateísmo era um compromisso que eu não estava disposta a assumir, de modo que me conformei com o rótulo de "agnóstica".

Mesmo assim, sentia necessidade de acreditar em algo. Era angustiante para mim não poder verbalizar minhas crenças. Eu me sentia perdida.

Então li o seu livro, e quando você falou de Deus como uma luz na escuridão, fui invadida por uma enxurrada de emoções tão forte que desatei a chorar. Só me senti assim quando meus filhos nasceram. Tive certeza de que o que eu estava lendo era real. Foi como se um peso tivesse saído dos meus ombros de repente.

Percebi que o fato de não ter uma religião não era um problema, que eu não precisava de um rótulo, que podia simplesmente sentir o que estava sentido.

Desde então, passei por momentos em que me senti sobrecarregada. Antes, eu não sabia como lidar com isso sem tomar um ansiolítico para me acalmar. Seu livro teve um grande impacto para mim, pois agora me sinto verdadeiramente feliz. Quando as coisas começam a ficar agitadas ou perturbadoras demais, sou capaz de colocar minha vida em perspectiva, de tal modo que consigo controlar minhas preocupações.

Sempre fiquei angustiada por ver como as pessoas podem ser cruéis umas com as outras: torturas, guerras e todas as coisas pavorosas que fazemos aos nossos semelhantes. Saber que existe algo além disso me deixa incrivelmente feliz.

Meu marido também leu o livro e trocou seu rótulo de ateu por uma espécie de crença "universal", na qual Deus é uma entidade mais parecida com uma energia que flui em nosso universo. Sinto-me mais próxima dele por nós dois termos lido o seu livro.

Obrigada por dedicar um pouco do seu tempo para ler a minha mensagem.

Christine

Por que existe tanta dor no mundo? Eis duas respostas das quais discordo. Elas são as versões oriental e ocidental da mesma ideia totalmente equivocada:

1. É tudo uma questão de carma. O sofrimento pelo qual você está passando agora é uma forma de "pagar" pelos erros que cometeu em vidas passadas.
2. O sofrimento nos torna mais fortes. Como somos criaturas "caídas", Deus nos faz passar por provações para nos ajudar a superar nossa natureza pecadora.

Já vi dor demais ao longo da vida – sofrida tanto por pacientes quanto por suas famílias e entes queridos –, e alegria demais nos mundos além do nosso para aceitar qualquer uma dessas explicações. Acredito que o ser que chamo de Deus/Om nos ama infinitamente: ele não quer nos "punir" ou nos "ensinar uma lição" por conta dos nossos erros. A verdadeira "explicação" para a dor e a falta de sentido que tantas vezes vimos na Terra é, a meu ver, muito mais profunda e muito mais simples.

Em nosso mundo material, o sentido está camuflado. É fácil perdê-lo de vista. Toda a realidade física é feita de átomos e moléculas, que, por sua vez, são compostos de partículas subatômicas que estão constantemente oscilando entre a existência e a inexistência. Para onde um elétron "vai" quando se desloca da órbita interna para a órbita externa de um átomo? Não sabemos. O que sabemos é que a matéria não permanece em um estado permanente de existência. Ela vai e volta. Porém, mesmo enquanto faz isso, ela não sai totalmente de cena – nunca está completamente ausente. Nós apenas sabemos, embora não saibamos para onde ela vai quando desaparece, que ela vai voltar.

Se você por acaso participou de uma peça de teatro quando criança, deve ter vivido um daqueles momentos estranhos em que, depois de ter sido envolvido pelo personagem, de repente se dá conta do que está fazendo. As tábuas do palco rangem debaixo dos seus pés e pronto: você lembra que, além das luzes, há todo o auditório da sua escola, com uma plateia cheia de pessoas que você conhece, que vieram assistir à sua apresentação e estão torcendo por você.

Nossa vida aqui na Terra é meio assim. Há momentos – como os que várias pessoas descreveram neste livro – em que temos um vislumbre de onde estamos e de quem realmente somos.

O que devemos fazer em momentos como esses? Congelar, esquecer nossas falas e abandonar a peça? Claro que não. Mas para aqueles que estão envolvidos na trama – na existência terrena – o momento em que as tábuas do palco rangem pode ser inestimável.

Devemos reaprender a ver este mundo *sob a luz do céu*. Devemos permitir que tudo ao nosso redor brilhe com a pura individualidade, singularidade e valor que cada pássaro, cada folha e cada pessoa possui, pois cada um de nós é um ser cósmico multidimensional, manifestado aqui e agora como um ser físico.

Estamos no meio do salto mais significativo da compreensão humana. Daqui a 200 anos, a visão de mundo que compartilhamos hoje será vista como tão limitada e ingênua para nossos netos quanto a de um camponês medieval parece para nós.

Estamos prestes a redescobrir o outro lado da vida: um lado que, no fundo, nunca esquecemos verdadeiramente, mas que costumamos manter oculto de nós mesmos por uma questão cultural.

O mundo da física subatômica não é o mundo da espiritualidade. Mas, conforme está registrado no antigo documento hermético chamado Tábua de Esmeralda, "o que está embaixo é como o que está em cima". Os diferentes elementos do cosmos estão em harmonia entre si. O que encontramos aqui "embaixo" também se encontra de outra forma lá "em cima". A característica que a matéria tem de oscilar entre a inexistência e a existência estabelece um paralelo com a maneira como o sentido pode desaparecer do nosso mundo e reaparecer no outro. E quando descobrimos isso – que o sentido continua a existir mesmo quando parece ausente –, a alegria (o tipo de alegria a que Natalie Sudman se refere em sua mensagem anterior) torna-se um pano de fundo constante em nossas vidas, independentemente do que esteja acontecendo.

Caro Dr. Alexander,

Minha filha Heather nasceu em 1969 com paralisia cerebral. Ela nunca conseguiu ficar em pé ou falar, embora demonstrasse estar consciente de tudo ao seu redor. Ela ria muito, ah, como ela ria. Embora os médicos tenham dito que não passaria dos 12 anos, ela morreu aos 20. Um dia depois de sua morte, eu estava cortando a grama para espairecer quando fui literalmente cercado por borboletas que surgiram do nada. Um sinal de que existe vida espiritual? Não sabia ao certo.

Numa noite de 1995, tentando dormir, eu me perguntava: "Como pode haver um Deus que deixa isso acontecer?" Na mesma hora, um vulto branco e reluzente surgiu no meu quarto. Era a minha filha. Ela apontou para mim e exclamou: "Papai, você está errado! Olhe!", disse ela, apontando para o outro lado. Uma nuvem ondulante de luz branca e intensa envolveu todo o recinto. No mesmo instante, entendi uma série de coisas sem que nenhuma palavra fosse dita. É difícil descrever a sensação de euforia que experimentei. Percebi que ela estava bem e que era um anjo de Deus. Percebi que, após a morte, todos ficamos bem. Percebi como somos pequenos se comparados ao nosso Criador e que nossa inteligência é tão limitada que chega a ser ridícula. Sei que aquilo foi real e, quando alguém me pergunta se eu acredito em Deus, eu respondo: "Não, eu não apenas acredito, tenho plena certeza de que Ele existe."

"Tudo ficará bem", escreveu Juliana da Noruega, eremita do século XIV. Mas "Tudo ficará bem" não é o mesmo que "O mundo será sempre cor-de-rosa". Não significa que a vida não contenha sofrimento. Significa que podemos navegar por esse mundo se nos lembrarmos de uma coisa: por trás da sua aparente falta de significado, há um universo de sentido mais rico do que podemos imaginar.

Eu não acredito; eu sei.

– Carl Jung, ao ser perguntado,
no fim de sua vida, se acreditava em Deus

Na porta de sua casa, Jung pendurou a seguinte citação de Desiderius Erasmus, teólogo holandês do século XV: "Convidado ou não, Deus está presente." Nas dimensões além do tempo e do espaço, como as que experimentamos no céu, toda a mágoa, a agonia e a confusão desta vida já foram curadas. Você não pode entender isso. Não completamente. Não no nível em que está. Mas pode ter um vislumbre. Na verdade, temos esses vislumbres o tempo todo. Só precisamos lembrar que devemos estar abertos a eles – para descobrirmos o que, em um nível mais profundo, já sabemos.

Minha filha Joan morreu aos 7 anos em um acidente de carro. Nós éramos muito próximos e senti uma dor profunda. Quando ela estava estendida no caixão, me ajoelhei ao seu lado e, de repente, tive a sensação de que algo atrás de mim sentia uma piedade tão grande que era quase palpável. Então senti um toque no meu ombro, que durou apenas um instante. Naquele momento, tive certeza de que havia outro mundo.

O sentido está sempre presente. Mas é fácil nos desconectarmos dele. De vez em quando, quando as coisas estão mais sombrias, o mundo do além fala conosco, usando a linguagem e os símbolos deste mundo: às vezes, de forma tão estrondosa quanto um trovão; outras, de forma tão suave quanto um besouro batendo numa janela. Quando isso acontece, recobramos a alegria de viver – uma alegria que pode estar dentro de nós apesar da dor que existe no mundo.

7

A DÁDIVA DA ESPERANÇA

O mundo interior possui nuvens e chuva, mas de um jeito diferente. Seus céus e sóis também são diferentes. Isso só se revela para os mais refinados dentre nós: aqueles que não são enganadas pela aparente completude do mundo comum.

– Jalal al-din Rumi, místico persa do século XII

Somos criaturas do tempo. Vivemos no tempo como os peixes vivem na água, tão imersos nele que mal o notamos, a não ser em seus níveis mais superficiais, em que nos tornamos seus escravos. Sabemos quando estamos atrasados para uma reunião, mas não sabemos que o próprio pensamento não pode existir sem um elemento temporal. Tampouco a fala, as interações humanas ou o que quer que seja. O mundo é feito de tempo e espaço. Essa verdade não é diminuída pelo fato de que, da perspectiva das dimensões superiores, o tempo linear se revela uma ilusão, assim como o espaço euclidiano tradicional.

Como na Terra nos deslocamos no tempo linear, viver sem ter um futuro a almejar parece algo terrível. Tente se lembrar de quando era adolescente e tinha a sensação de que nunca pararia de ter experiências incríveis. Se você é como a maioria das pessoas, talvez tenha notado que, num certo ponto, essas experiências deixaram de acontecer num ritmo tão acelerado. Pode até ter achado que a época do crescimento e das mudanças havia passado.

Antes da minha EQM, eu pensava o mesmo. Não é que a alegria de viver tenha me deixado. Eu ainda amava minha família e meu trabalho, e sem dúvida ainda havia muitos desafios pelos quais eu ansiava. Mas, ao mesmo tempo, algo *tinha* parado. Não pareciam me restar muitas experiências novas. E mesmo as que restavam não seriam eletrizantes como antes. Eu conhecia os limites do mundo. Nunca mais saltaria *pela primeira vez* de um avião. Em suma, eu tinha perdido a esperança, pois é isso que ela é: uma sensação de que algo verdadeiramente bom e novo está vindo em nossa direção.

Então, algo novo aconteceu.

Pode-se dizer que minha vida desabrochou novamente. Inúmeros poemas nos dizem que somos como flores, pois não só desabrochamos como também murchamos e morremos como elas. Crescemos e florescemos na juventude, brilhamos por um instante fugaz com a perfeição da beleza, juventude e viço... então murchamos e morremos.

Mas será mesmo? Assim como as flores simbolizam a aparente tragédia e impermanência da vida, também representam o que há por trás dessas aparências. Tudo possui um componente celestial, mas algumas coisas são mais celestiais do que outras, e as flores estão no topo da escala. Em *A Divina Comédia*, Dante descreve o Empírio, a esfera mais elevada do céu (segundo sua cosmologia), como uma rosa branca. Buda comparava a consciência à flor de lótus, uma flor aquática que nasce da lama no fundo de um lago e desabrocha na superfície da água miraculosamente límpida e branca. Num dos sermões mais famosos de Buda, ele não falou nada, apenas ergueu uma flor.

Desde a pré-história os seres humanos usam flores em momentos-chave da vida. Elas marcam inícios (nascimentos, formaturas, casamentos), mas também desfechos (funerais). Nós as usamos nesses momentos cruciais porque, na Antiguidade, as pessoas sabiam que nessas horas era fundamental lembrar a existência dos mundos superiores. Como nós, as flores estão enraizadas na Terra. Mas elas se lembram de onde vieram, seguindo o sol pelo céu a cada dia. E, o mais importante de tudo, as flores desabrocham. Esse desabrochar é o símbolo mais perfeito da plenitude que almejamos, e que existe apenas nas dimensões além da nossa.

Caro Dr. Alexander,

Em outubro de 2007, meu filho Ben, de 18 anos, foi diagnosticado com um ependimoma, uma espécie de tumor cerebral. Ele faleceu cinco meses depois. O que me fez escrever esta mensagem foi que, nos últimos três dias, ele entrou em coma. Assistir à morte do meu filho foi a experiência mais excruciante da minha jornada por este mundo. Havíamos decidido cuidar de Ben em casa. Montamos seu leito na minha cama e fizemos um esquema para que sempre houvesse alguém ao lado dele.

Na noite em que ele entrou em coma, tive um sonho tão real que mal posso chamá-lo de sonho, mas de experiência. Antes de adormecer, abracei Ben e supliquei a Deus, sentindo-me profundamente desesperada, revoltada e confusa. No sonho, fui alçada até um céu ao mesmo tempo sombrio e luminoso, onde a serenidade era total e tudo o que eu sentia era amor. Tudo estava nítido e cristalino, muito real. Eu sabia que estava com Deus. Olhei ao redor e vi pequenos pedaços de terra caindo ao meu redor, e me perguntei: "O que significa isso?" Então, em meu espírito, ouvi (ou simplesmente soube) que era aquilo que estava acontecendo com Ben naquele instante, à medida que seu corpo terreno se desfazia. No momento seguinte, sentei-me na cama, desperta. E tive certeza de que meu filho já estava no reino celestial. Ele morreu dois dias depois.

No meu caso, este problema fundamentalmente humano – a perda do frescor e da esperança – foi resolvido nos mundos superiores. Em seus estágios iniciais, esses mundos estão repletos das coisas que conhecemos na Terra, só que mais ricas e estranhamente *novas*. Ao olhar para as flores no plano superior, elas pareciam desabrochar repetidas vezes. Como as flores – que têm um ciclo tão definido, de desabrochar, murchar e morrer – podem viver em um constante desabrochar? Elas *não podem* neste nosso plano terreno, onde estão imersas no tempo linear. Aqui, as flores vivem seu ciclo, assim como os seres humanos. Daí é que vem toda a imensa coleção de romances e poemas sobre a tristeza da vida – começamos jovens, fortes e cheios de frescor, então aprendemos algumas lições importantes, mas morremos antes de poder fazer qualquer coisa além de transmitir algumas delas para os nossos filhos, para que eles passem pelo mesmo processo.

Que lástima!

E é mesmo uma lástima mantermos nossa visão presa a este mundo físico e não acreditarmos que o crescimento e as mudanças que vivenciamos aqui é apenas um capítulo de uma história muito maior. Nossa cultura é obcecada pela juventude porque perdemos o conhecimento secular de que o crescimento é infinito. Não somos seres transitórios perdidos no cosmos – meras curiosidades evolutivas que eclodem como insetos, voam por um dia e depois desaparecem. Estamos aqui para ficar. Somos um reflexo do universo, com nossos amores profundos e aspirações sublimes, da mesma forma que ele é um reflexo de nós. "O que está embaixo é como o que está em cima."

Quando voltamos aos mundos superiores após o fim da existência física, algo muito interessante acontece – algo que vemos ser citado com frequência na literatura sobre EQM. As pessoas falam sobre os "anfitriões", indivíduos que conheceram durante a vida e que agora estão lá para recebê-las. Isso se repete em inúmeros relatos. "Papai estava lá, mas não era igual a quando estava doente. Ele parecia rejuvenescido e bem outra vez", "Eu vi a vovó, mas ela estava jovem".

Como isso pode acontecer? Quando abandonamos este corpo, não vamos diretamente para as regiões mais elevadas, e sim para onde fui durante minha viagem. É um "lugar" (não um lugar físico) em que revivemos de uma vez só tudo o que vivemos de forma linear aqui embaixo. E o resultado disso aos olhos de outra pessoa, de outra alma, é que vemos quem estiver diante de nós em sua melhor forma. Se a pessoa em questão viveu muito tempo, pode aparecer fisicamente no auge de sua beleza quando jovem, mas, ao mesmo tempo, manifestando a sabedoria de sua velhice. No mundo acima deste, somos seres multidimensionais, que contêm tudo de melhor que fomos aqui na Terra *ao mesmo tempo*. Se você tem um filho adulto, pense em todos os seres diferentes que ele foi ao longo dos anos: o bebê que abriu os olhos no hospital, a criança de 5 anos andando de bicicleta sem rodinhas pela primeira vez, o adolescente que de repente demonstrava uma profunda capacidade de reflexão.

Qual desses é o seu verdadeiro filho? Você sabe a resposta, é claro. Todos são.

A vida no tempo linear – o tempo da Terra –, permite o crescimento justamente porque sofre desvios e enfrenta obstáculos. O tempo no céu – a dimensão temporal para onde vamos quando deixamos este corpo – permite a expressão do eu que lutamos tanto para desenvolver por meio desses obstáculos. Uma das verdades mais fundamentais de todas as crenças é que nenhum sofrimento ocorre no mundo sem que Deus esteja plenamente envolvido nele e sofrendo muito mais do que nós. Isso acontece porque Ele quer que aproveitemos a vida e nos sintamos realizados; e a dor, por algum motivo, é um subproduto disso. Os "caminhos não vividos" que o poeta Rainer Maria Rilke dizia ver nos rostos das pessoas pelas quais passava na rua – os caminhos repletos de possibilidade, de crescimento, que encontram-se bloqueados aqui na Terra – terão uma chance de ser trilhados no mundo acima deste.

Muita gente brinca que a vida eterna deve ser um tédio. A imagem que costuma acompanhar esse pensamento é a de um grupo de pessoas aborrecidas, sentadas em uma nuvem sem ter o que fazer. Lá embaixo, no inferno, imagina-se que pelo menos os demônios estejam se divertindo.

Adoro esses clichês, pois eles revelam exatamente o que os mundos superiores *não* são. Se há uma palavra para descrevê-los é movimento. Nada permanece parado ali nem por um instante. Na Terra, ou você está a caminho de algum lugar ou está imóvel. Lá, movimento e chegada se unem. A alegria de viajar e a alegria de chegar se encontram e se misturam.

Isso não é tão absurdo quanto parece se você levar em conta que a física já demonstrou que este mundo sólido em que estamos agora é, na verdade, em grande parte espaço vazio. Mas ainda é difícil compreender isso. No entanto, esse entendimento se revela cada vez mais à medida que ascendemos.

Quando olhei para baixo enquanto estava nas asas daquela borboleta ao mesmo tempo simbólica e real, com aquela garota ao mesmo tempo simbólica e real, vi não só flores que desabrochavam sem parar, mas pessoas também. E elas estava fazendo algo análogo àquele florescer perpétuo.

Elas estavam dançando.

Como a música, a dança é uma atividade milenar, e suas origens são tão antigas quanto a própria aurora da vida no planeta. E, como qualquer atividade humana primitiva, ela reflete a realidade cósmica dos mundos superiores dos quais nós nos originamos. Quando as pessoas dançam, elas agem com aquela parte de si que se lembra de onde veio e para onde está indo. Que compreende que este mundo não é o fim. É por isso que o ritual do casamento inclui a dança: a cerimônia terrena de união entre duas pessoas evoca uma união mais profunda entre o céu e a terra. Se a flor é o maior símbolo celestial que temos na Terra, talvez a dança seja a maior *atividade* celestial. E ambas apontam para a mesma verdade: a vida plena que desejamos alcançar é real.

A dança, assim como o canto e a música, são elementos temporais. Não pode haver dança ou música sem tempo. No mundo que visitei durante o coma, havia música e dança. Portanto, também havia tempo – ou melhor, o *tempo profundo* peculiar daqueles mundos. Era *um tempo mais rico, mais vasto* do que aquele que experimentamos na Terra.

O filósofo cristão São Tomás de Aquino tinha uma palavra para este tempo-acima-do-tempo que visitei lá em cima: *aevum*, o tempo dos anjos. Este é o tipo de tempo em que as flores desabrocham sem parar. E no qual a música e a dança nunca cessam.

Os mitos e as lendas dos povos indígenas de todo o mundo, desde o outback australiano até as florestas tropicais do Brasil, descrevem reinos além da morte em que a dança, assim como outras atividades que realizamos aqui na Terra, duram para sempre. Os aborígenes da Austrália chamam este lugar de Dreamtime (Tempo do sonho) e afirmam que é de lá que os humanos vieram e é para lá que retornarão após a morte. Os índios Huichol do México têm um lugar parecido, que chamam de Wirikuta. Suspeito que esses lugares sejam todos o mesmo. Xamãs têm visitado esse lugar há pelo menos 30 mil anos, assim como pessoas que viveram EQM e experiências extracorpóreas o visitam hoje em dia. É o local de onde todos viemos, para o qual retornaremos, de forma intermitente quando nossa jornada individual terminar, e de forma permanente quando o atual ciclo de criação chegar ao fim.

Isso se acabar por aí. Pois os hindus, por exemplo, acreditam que os mundos se erguem e desmoronam continuamente, cada novo ciclo de criação sendo uma respiração de Brahma, ou Deus.

Quando Brahma expira, tem início um novo ciclo. Quando inspira, tudo volta para seu lugar de origem. Para aqueles que acreditam em reencarnação (as evidências científicas de memórias de vidas passadas em crianças são impressionantes), esse processo certamente poderia ser visto como algo que não acontece em uma única vida. Nesta hipótese, todos os "eus" que a sua vida presente possui (criança, adolescente, adulto) tornam-se um subconjunto daquele "eu" maior que se desloca de uma vida para outra, reencarnando diversas vezes, crescendo e evoluindo junto com o universo. Este "eu" no final de sua jornada contém todas as identidades que você possuiu aqui na Terra e todas as identidades que já teve, desde tempos imemoriais. Conforme escreve Christopher Bache em seu livro *Dark Night, Early Dawn* (Noite escura, raiar do dia): "Agora vemos que nossa maneira única de experimentar a vida, nossa individualidade, surgiu de um oceano temporal tão vasto que é quase imensurável, e que ainda continuará a se estender pelo tempo. A morte é apenas uma pausa que pontua as estações da vida, nada mais que isso. Essa percepção nos leva ao patamar de uma nova compreensão da existência humana."

Assim como nossa vida é uma jornada que abrange todas as pessoas diferentes que nos tornamos enquanto passamos da infância à vida adulta e à velhice, estamos todos em uma viagem cósmica na qual crescemos de forma muito mais radical do que na existência terrena. Porém, no fundo, há um único ser viajante, um único "você" que recordará todas as identidades, todas as alegrias e tristezas, todas as aventuras extraordinárias pelas quais passou de uma vida para a outra. Este estado está tão além de tudo o que podemos compreender que é até difícil tentar descrever.

Agora que sei que existem outros mares, outros céus, outros campos que são como paisagens terrenas em dimensões acima desta, isso só me faz amar e apreciar ainda mais seus equivalentes aqui na Terra. Por quê? Porque agora vejo de onde vêm esses fenômenos terrenos – de uma realidade superior com a qual eles estão diretamente relacionados. "O que está embaixo é como o que está em cima", ou seja, todos os fenômenos dos mundos mais elevados se relacionam com o nosso. E o que une todos esses mundos, a linha dourada que nos mantêm conectados por mais que nos afastemos, é o amor.

De tempos em tempos, volto a experimentar esses maravilhosos momentos de êxtase, sempre de forma totalmente inesperada: quando estou tomando banho ou cuidando da casa. A sensação é sempre a mesma. Acabo chorando de alegria, tomado por um sentimento profundo de reverência, adoração e amor. Acho que é como uma "saudade de casa", quase como se eu tivesse conhecido uma existência de extrema beleza e felicidade e ansiasse por tê-la de volta. Mesmo quando tudo parece desmoronar e me entrego ao desespero, como acontece com todos nós, o anseio por algo que conheci em um lugar diferente me sustenta e me faz seguir em frente. Será essa uma espécie de verdade que dispensa explicações? Afinal, uma pessoa não pode sentir saudades de algo que nunca conheceu.

À medida que você ascende, as paisagens se tornam menos habitadas, com menos coisas familiares, mas, ao mesmo tempo, ficam ainda *mais* familiares. Porém, essa familiaridade é desafiadora, pois as realidades com as quais está retomando contato estão afastadas de você há muito tempo. Essas realidades superiores lhe parecem um lugar profundo, pois quanto mais você ascende, mais profunda é a parte que está sendo chamada.

No nosso âmago, muito abaixo da superfície do nosso caráter, existe uma parte de nós que, há séculos, os místicos discutem ser ou não a nossa ponte de interseção com Deus – ou mesmo o próprio Deus. As religiões orientais tendem a relacionar esta nossa parte central diretamente com o Divino, enquanto as religiões ocidentais mantêm uma distinção entre a alma individual e Deus. Mas devemos respeitar o que os mais elevados praticantes de *todas* as tradições têm a nos dizer, e não esquecer que, quando falamos sobre esses reinos que estamos tentando mapear, somos como crianças falando sobre coisas que não conseguem compreender.

O que é importante para compreender a partir da perspectiva de mapear os mundos espirituais é que, quanto mais alto subirmos, mais profundamente mergulharemos dentro de nós mesmos, de modo que possamos descobrir que somos muito maiores do que jamais imaginamos e que estamos conectados de forma sólida com o universo material e espiritual.

Quando os místicos dizem que objetos terrenos não são "reais", que eles não possuem nenhuma substancialidade, não estão depreciando esses objetos, mas estão, de certa forma, *venerando-os* ao nos mostrar de onde eles vêm de fato. A matéria física é fruto dos reinos espirituais; toda a realidade que o mundo físico possui se deve aos mundos superiores. Mas, como todos os planos estão interligados, os objetos ao nosso redor podem ser considerados reais, pois este mundo não deixa de estar conectado àqueles mais elevados. Então, nada que existe aqui embaixo – e certamente nenhum ser humano – é órfão. Nada está perdido para sempre.

Lao Tzu, o fundador do taoísmo, afirmou que o Tao é como um grande útero que produz tudo, mas não contém nada. Buda descreveu a verdadeira realidade como um vazio: mas um vazio que, ao mesmo tempo, está cheio além de toda e qualquer compreensão. Esses homens estavam descrevendo as regiões mais elevadas do céu; portanto, suas afirmações são extremamente paradoxais, pois quanto mais alto subimos, maiores são os paradoxos.

Por mais difíceis que esses conceitos sejam, e por mais diferentes que pareçam os mapas espirituais traçados pelas várias religiões do mundo, começo a perceber que, em seu ponto mais alto, todas essas tradições chegam à mesma conclusão. Como um cientista que teve um vislumbre do mundo espiritual, acredito que simplesmente *não poderia ser de outra forma* – pois, como uma montanha com milhares de trilhas que conduzem ao cume, todos os mundos começam e terminam em um só lugar: aquele que é o núcleo dos núcleos, o ápice dos ápices e o coração dos corações, que chamo de Divino.

Caro Dr. Alexander,

Tive uma experiência diferente de tudo o que já ouvi falar.

Meu pai, um ex-prisioneiro da Guerra da Coreia, estava morrendo de embolia pulmonar no hospital de veteranos. Quando achávamos que já estava perdendo as forças, ele começou a respirar profundamente, de forma deliberada, e continuou assim por mais de 24 horas. As enfermeiras então nos contaram que os veteranos de guerra costumam reagir assim na hora da morte, pois, por causa do treinamento que recebiam, eram programados para nunca desistir.

Nós éramos muito próximos. Em determinado momento, percebi que era o fim, então segurei sua mão, apoiando a minha sobre o peito dele para sentir quando seu coração parasse de bater. Fechei os olhos para rezar, mas acabei entrando num estado que parecia uma mistura de filme e sonho, embora fosse extremamente real. Eu estava afastado, acima dele, como uma espécie de cinegrafista – presente, mas sem participar da ação.

Meu pai lutava para se agarrar a algumas pedras à margem de um rio e estava claramente exausto e apavorado. De repente, nós dois notamos um brilho amarelo-claro pairando no rio, iluminando uma canoa branca imóvel com um remo vermelho sobre a superfície da água que corria apressada. Soltando um grito, meu pai largou as pedras e nadou até a canoa, embarcando nela com a agilidade que possuía aos 30 anos. Eu me aproximei dele como em um zoom e parei atrás de sua cabeça. Ele começou a remar vigorosamente e olhou em minha direção apenas uma vez, com uma expressão de pura alegria no rosto.

Então ele se virou de volta e tornou a remar com entusiasmo. Fez uma curva, sumiu por detrás de algumas árvores e eu fui deixado para trás. Então pensei: "Bem, isso é tudo." Mas, de repente, como se eu estivesse preso a um elástico, fui catapultado para o topo de uma árvore um pouco afastada dali. Lá embaixo, em uma espécie de cais em formato de U, havia uma multidão de pessoas que não me via. Eu não conseguia identificar os rostos com clareza, mas pelos corpos pude reconhecer membros da minha família e velhos amigos. Meu pai chegou remando e, assim que o viram, todos começaram a gritar seu nome e lhe dar as boas-vindas. Ele parecia extasiado de prazer e sorridente, embora um pouco espantado no início. Então, saltou da canoa com seu remo erguido em uma espécie de saudação vitoriosa e desapareceu na multidão, que o abraçava e lhe afagava as costas. E aí... eu estava novamente ao seu lado na cama. Assim que comecei a abrir os olhos, senti a última batida de seu coração e sua última respiração.

A experiência permanece tão clara em minha mente quanto no dia em que ela aconteceu, quase quatro anos atrás. Ainda consigo me lembrar de cada detalhe: as roupas que meu pai vestia, as árvores, os nomes das pessoas que o aguardavam no cais. E ainda consigo ver tanto o cansaço quanto o medo em seu rosto enquanto ele estava agarrado às pedras, e a maneira como seu rosto se iluminou com aquele último sorriso que me deu. Acho que meu pai permitiu que eu o acompanhasse em parte de seu caminho rumo à vida após a morte. Embora eu tenha sido apenas um observador, essa experiência foi transformadora para mim.

Volto a dizer que nunca ouvi nenhuma história parecida, mas, naturalmente, isso não muda nada. Foi a coisa mais extraordinária e inesperada que já me aconteceu, assim como um dos presentes mais valiosos que recebi na vida.

As pessoas que somos ao longo de nossa vida um dia se juntarão em um único ser que combina todos os seres que já fomos durante todo o ciclo cósmico, e esse ser continuará a crescer até finalmente se tornar o ser divino que é o destino de cada um de nós. Quando chegarmos a esse destino final, estaremos no lugar que é a verdadeira acepção da palavra *céu*, como parte do corpo de Deus.

Esteja à frente de toda partida.
– Rainer Maria Rilke

Assim, aquelas flores em perpétuo desabrochar – que representam ao mesmo tempo todo o movimento e toda a imobilidade – me deram o mais poderoso vislumbre do que somos enquanto seguimos em direção à perfeição que está "à frente", mas que, paradoxalmente, está bem aqui e agora.

Veja o relato da esposa do crítico de cinema Roger Ebert sobre os últimos instantes de vida do marido.

No dia 4 de abril, Ebert estava forte o suficiente para eu poder levá-lo para casa. Minha filha e eu fomos buscá-lo. Quando chegamos ao hospital, as enfermeiras o estavam ajudando a se vestir. Ele sorria e parecia muito feliz por estar voltando para casa. Estava sentado na cama, numa posição quase como a de Buda, e de repente simplesmente baixou a cabeça. Achamos que estivesse meditando, refletindo sobre suas experiências ou agradecendo por estar saindo do hospital. Não lembro quem notou primeiro, quem conferiu o pulso... No começo, fiquei apavorada.

Os enfermeiros trouxeram aparelhos. Eu estava chocada. Mas quando percebi que ele estava fazendo a transição deste mundo para o próximo, tudo ficou sereno. Desligaram as máquinas e a paz tomou conta do quarto. Coloquei uma música que ele gostava, sentei-me na cama ao seu lado e cantarolei em seu ouvido. Não queria deixá-lo. Fiquei ali por horas, segurando sua mão.

Roger estava lindo. Verdadeiramente lindo. Não sei como descrever, mas ele parecia em paz e rejuvenescido.

Roger dizia não saber se era capaz de acreditar em Deus. Mas, perto do fim, algo realmente interessante aconteceu. Na semana anterior à sua morte, ele contou que visitou outro lugar. Achei que ele estava tendo alucinações, que estavam lhe dando medicamentos demais. Mas um dia antes de falecer, Roger me escreveu um bilhete que dizia: "Isso tudo é uma farsa muito bem elaborada." Perguntei: "O que é uma farsa?" Ele estava falando sobre este mundo, este lugar. Disse que tudo não passava de uma ilusão. Achei que ele estava apenas confuso, mas não era isso. Ele descreveu esse "outro lugar" como uma imensidão em que passado, presente e futuro aconteciam simultaneamente.

Eu o amava muito. Para dizer a verdade, ainda estou esperando pelos próximos desdobramentos. Tenho a sensação de que nossa história ainda não chegou ao fim. Roger ainda não chegou ao fim. Para mim, ele era pura magia. E ainda sinto essa magia. Eu falo com ele, e ele me responde.

Acho fascinante e comovente como pessoas prestes a deixar este mundo – muitas vezes depois de um longo e terrível sofrimento – podem ter um vislumbre repentino do lugar para onde vão. Ebert, um homem que dedicou sua vida às palavras, escreveu para a esposa uma mensagem em que lhe oferecia o presente mais valioso que poderia dar antes de partir: a verdade sobre o outro mundo.

Ebert tem razão. O plano terreno *é* uma ilusão – uma fraude. Não é real. Mas, ao mesmo tempo, *é* real, maravilhoso e merecedor do nosso mais profundo amor e atenção. Apenas não devemos nos esquecer de que ele não é tudo o que existe.

O mundo é um grande palco,
e todos os homens e mulheres nele são meros atores.

– William Shakespeare

O escritor Aldous Huxley faleceu em 1963 após uma longa e excruciante batalha contra o câncer. Seu último trabalho, um ensaio sobre Shakespeare encomendado por uma revista, foi ditado à esposa poucos dias antes de ele morrer. Nesse texto, Huxley afirma algo extraordinariamente parecido com o que Ebert escreveu em seu bilhete para a própria esposa.

"O mundo é uma ilusão", disse Huxley. "Mas uma ilusão que devemos levar a sério, pois até certo ponto ela é real." Segundo ele, devemos "encontrar uma maneira de estar aqui e, ao mesmo tempo, não estar". Pois, na verdade, nunca estamos total e plenamente neste mundo. Nós viemos de outro lugar e estamos destinados a voltar para lá. Quando pensamos que somos apenas nosso corpo, perdemos a capacidade de ser os protagonistas da vida – os verdadeiros heróis. Como Joseph Campbell demonstrou tantas vezes, somos todos heróis. A palavra *protagonista* vem em parte da palavra grega *agon*, que significa "luta". A palavra *agonia*, naturalmente, possui a mesma raiz, e é difícil negar que a vida seja uma batalha angustiante. No entanto, é uma batalha que nos leva a algum lugar. Quanto a luta, ou o *agon*, da vida terrena de Huxley chegou ao fim, ele partiu, deixando para trás a mensagem mais importante que devemos guardar neste nível de existência. O mundo material não é tudo o que existe. Há um universo maior, do qual este plano físico não é mais que uma fatia. Esse mundo maior, nosso lar, é governado pelo amor. Estamos todos retornando para ele, então não devemos jamais nos desesperar.

Pois podemos ter de volta aquilo que perdemos.

O fim da nossa jornada, o lugar para onde estamos indo, não pode ser descrito com palavras. Não plenamente. "O oposto de uma afirmação correta", disse o físico Niels Bohr, "é uma afirmação falsa. O oposto de uma verdade profunda pode muito bem ser outra verdade profunda." O que Bohr está dizendo é que, quando você chega a níveis suficientemente profundos, as coisas não funcionam mais dentro de um princípio de *ou isto ou aquilo*. Elas funcionam dentro de um princípio de *tanto isto quanto aquilo*. Uma partícula é uma partícula *e* uma onda. Uma coisa é verdade *e* o seu oposto também é verdade. Somos indissociáveis do nosso Criador *e* somos criaturas separadas Dele. O universo e nós somos um só *e* somos seres individuais. O tempo avança *e* permanece estático. Uma partícula está numa extremidade do universo *e*, exatamente ao mesmo tempo, também está na outra extremidade. Mas, como os mundos são todos um mundo só, podemos usar apenas as palavras e os símbolos da Terra para *tentar* descrever esse lugar que nos aguarda. Então digamos que ele é parecido com uma dança, um casamento, uma flor, o som de água corrente, ou o brilho do ouro.

Não consigo descrever melhor do que isso. Mas sei que ele está lá. E acredito que nossa função é ajudar os outros a se lembrarem deste fato; a manter vivo o conhecimento da realidade dos mundos superiores; a ter certeza de que todas as pessoas que já amamos na vida irão se juntar a nós novamente no mundo além do nosso.

Em um de seus livros, o especialista em misticismo islâmico Henry Corbin fala sobre uma conversa que teve com Daisetz T. Suzuki, famoso estudioso japonês do zen-budismo. Corbin perguntou a Suzuki qual tinha sido seu primeiro contato com a espiritualidade ocidental. Para sua surpresa, Suzuki respondeu que havia sido alguns anos antes, quando traduzira quatro livros de Emanuel Swedenborg para o japonês.

Um estudioso do budismo lendo a obra de um cientista cristão do século XVII e ainda se dando o trabalho de traduzi-la para sua língua? Corbin quis saber que semelhanças ele encontrou entre as duas linhas de pensamento e se espantou com a simplicidade da resposta. Nas palavras dele: "Ainda consigo ver Suzuki brandindo uma colher e dizendo com um sorriso: 'Esta colher existe *agora* no Paraíso. Então nós estamos agora no céu.'"

Adoro esta história. Um intelectual e místico do Oriente celebrando um intelectual e místico do Ocidente usando o objeto mais banal e cotidiano que se pode imaginar.

Onde quer que esteja, você está no céu agora, da mesma forma que todos os objetos, criaturas e pessoas ao seu redor. Não de uma maneira vaga e teórica, mas da forma mais sólida e real possível. Tão real – como escreveu aquele participante da pesquisa de Alister Hardy – quanto segurar um fio desencapado. Cada objeto que você vê no mundo à sua volta existe em uma hierarquia de mundos. Isso inclui o bico da mangueira de gasolina que o frentista usou da última vez que encheu o tanque do carro e o copo de plástico caído no chão para o qual você ficou olhando enquanto o tanque enchia. O céu é aqui. Mas fomos treinados para não vê-lo, e é por isso que uma parte tão grande do nosso mundo está começando a se parecer com o inferno.

Por que meus amigos e eu saltávamos de aviões a quilômetros acima do solo, coordenando nossa queda de modo a nos juntarmos por alguns segundos e desenhar estrelas, flocos de neve e outras forma no céu?

Bem, porque era *divertido*. Mas havia outra coisa além disso – uma sensação de "é assim que deve ser" quando nos dávamos as mãos e executávamos as formações. Durante os segundos que passávamos unidos em queda livre, éramos um conjunto completo e harmonioso acima da Terra. É curioso – e ao mesmo tempo faz todo o sentido – que a maioria das nossas formações fosse circular. O círculo, como sabia Platão, é o símbolo da completude – do céu e da Terra unidos, como eles um dia foram e um dia voltarão a ser. E, de certo modo, enquanto descíamos a toda velocidade pelo céu, sabíamos disso. Enquanto fazíamos esses círculos que simbolizavam nosso destino cósmico, sabíamos exatamente o que aquilo significava. No fundo, todos sabemos o que estamos fazendo a cada momento. Mas esse conhecimento vem à tona e afunda, vem à tona e afunda, repetidas vezes. É por isso que precisamos nos empenhar tanto para nos lembrar dele. Nunca estivemos tão afastados desse conhecimento quanto agora.

Mas a viagem de partida está acabando e a viagem de retorno está começando... É por isso que, quando penso nos meus saltos de paraquedas, me lembro sempre do primeiro – aquele que foi minha iniciação na irmandade celestial – e da pergunta que meu instrutor fez quando eu estava parado diante da porta do avião, me preparando para saltar no vazio lá embaixo. Penso naquela pergunta simples, a mesma que tantos outros iniciados ouviram ao longo da história, muito antes de mim. Uma pergunta de apenas três palavras que está sendo feita para todos nós, agora mesmo, pelos mundos além do nosso, à medida que nos preparamos para iniciar o capítulo mais desafiador e mais maravilhoso da nossa jornada.

Você está pronto?

Anexo
AS RESPOSTAS ESTÃO DENTRO DE NÓS

Aquele que conhece o mistério do som
conhece o mistério de todo o universo.
– Hazrat Inayat Khan (1882–1927)

Quem somos?
De onde viemos?
Para onde vamos?

Durante a minha jornada, aprendi que devemos mergulhar fundo em nossa consciência para descobrirmos a verdade sobre a nossa existência. Simplesmente ler e ouvir sobre as experiências e as ideias de outras pessoas não é suficiente. Como já vimos, os princípios científicos e os dogmas religiosos nem sempre estão corretos, e é importante desenvolver uma forte confiança em seu próprio sistema interno de orientação em vez de acreditar cegamente nos supostos especialistas.

Não é necessário viver uma experiência de quase morte ou outro acontecimento do tipo para se ter acesso a esse conhecimento – ele pode ser cultivado de forma intencional. Os adeptos da meditação e os místicos vêm demonstrando isso há milênios. Depois do coma, levei alguns anos para entender que precisava desenvolver uma rotina de meditação para aprimorar meu relacionamento com o reino espiritual. Descobri que poderia revisitar alguns dos reinos suprafísicos que conheci na minha jornada fora do corpo por meio da meditação potencializada por sons. Essa prática me ajudou não só a resgatar lembranças dessa experiência como também fez com que eu fosse capaz de alcançar níveis mais profundos da consciência. Assim como os sons facilitaram a minha entrada nos reinos mais profundos, eles também desempenham um papel fundamental para todos nós – aqui e agora.

Na época em que entrei em coma, em novembro de 2008, eu vinha trabalhando havia mais de um ano para a Focused Ultrasound Surgery Foundation. Minha principal função era coordenar as pesquisas médicas sobre uma tecnologia inovadora que utilizava a ressonância magnética para diagnosticar problemas cerebrais de difícil tratamento. Neste cargo, eu estava aprendendo sobre a ampla gama de interações que o som pode estabelecer com a matéria. Mais especificamente, estava vendo como os efeitos térmicos e mecânicos do ultrassom – o som de frequência acima dos 20 mil ciclos por segundo, ou Hertz (Hz), o limite máximo da audição humana – poderiam ser conduzidos através de técnicas avançadas de imagem por ressonância magnética (ou IRM) e revolucionar a medicina por meio de uma série de terapias. No fim das contas, o meu trabalho apenas tocava de leve na questão de como o som pode influenciar o mundo material.

Como contei em *Uma prova do céu*, a música, o som e as vibrações foram a chave que me deram acesso a todo o espectro dos reinos espirituais durante a minha EQM – desde a Melodia Giratória que me resgatou da Região do Ponto de Vista da Minhoca, passando pela ultrarrealidade do Portal, os coros angelicais cujos cânticos me impulsionaram para além daquele vale celestial, até eu finalmente chegar ao Núcleo. Foi no Núcleo que senti o arrebatamento trovejante do Om, o som que associei àquele Ser infinitamente poderoso, sábio e repleto de amor, àquela Divindade além de qualquer nome ou descrição: Deus.

Uma das perguntas que mais ouço é se me lembro da música, especialmente da Melodia Giratória. A resposta é que perdi a memória daqueles sons mágicos. Mas venho trabalhando com diversas pessoas numa tentativa de recuperá-los. No projeto "Dead Symphony" (Sinfonia da morte), Saskia Moore encontrou algumas correlações entre elementos que identifiquei na música da minha EQM e em músicas descritas por pessoas que passaram por experiências semelhantes.

Conheci Alexandre Tannous, um etnomusicólogo e pesquisador em som que estuda e pratica terapia sonora, numa conferência sobre a morte e o processo de morrer, quando ele hipnotizou toda a plateia com sua encantadora meditação sonora, usando gongos, sinos e antigas tigelas cantantes tibetanas.

Algumas semanas depois, eu o encontrei para uma sessão particular em seu estúdio. Ele me ofereceu uma extraordinária jornada sonora que resultou em uma experiência fora deste universo. Fiquei chocado diante da realidade do mundo que adentrei por meio dos sons que ele produziu – um mundo com leis físicas diferentes. Vi folhas de grama oscilarem suavemente ao lado de um rio que corria e testemunhei a rotação de uma galáxia vizinha no céu noturno. Minha percepção de tempo foi virada de ponta-cabeça: pareceu durar várias horas, mas, na verdade, não levou mais que alguns minutos. Minha descrição talvez dê a impressão de que usei alguma droga, mas essa "viagem" foi provocada somente por sons.

Isso porque *tudo é vibração.* Nossos sistemas sensoriais, especialmente os olhos e os ouvidos, processam informações por meio das frequências de ondas vibratórias, quer seja de radiação eletromagnética (luz visível ao olho humano), ou ondas sonoras que se deslocam pelo ar até chegarem ao tímpano.

Antes do coma, eu sabia muito pouco sobre a importância dos sons nas tradições meditativas e religiosas. Desde então, aprendi bastante sobre a importância do Om, particularmente para as tradições hinduístas, que usam este som na entoação de mantras.

O Om já foi descrito como a vibração primordial que deu origem à matéria em nosso mundo. Minha experiência no Núcleo me revelou que Om está de fato na origem de toda a existência.

Grande parte da minha pesquisa atual envolve o uso de som (música e outros usos das diversas frequências sonoras) para produzir estados de consciência profundos. Por meio dessa pesquisa, venho tentando "tirar da equação" o meu cérebro físico, neutralizando o processamento de informações no neocórtex, de modo a libertar minha percepção. Minha meta é reproduzir o estado extraordinariamente ampliado de percepção que experimentei graças à meningite (e a subsequente destruição do neocórtex). Supus que poderia usar o som para revisitar os reinos da odisseia que vivenciei durante meu coma profundo e que poderia fazê-lo ao sincronizar minhas ondas cerebrais com frequências específicas.

Para simplificar, isso envolve o uso de fones de ouvidos que emitem frequências ligeiramente diferentes. Por exemplo, apresentar um sinal de 100Hz para um ouvido e um sinal de 104Hz em outro gera a sensação de um som ondulante de 4Hz, uma "batida binaural", por conta da diferença entre os dois estímulos. A "batida" não existe fora do cérebro – não é um "som" que outras pessoas poderiam ouvir.

Foi nesse contexto que encontrei Karen Newell, em novembro de 2011. Karen possui uma riqueza de conhecimento e sabedoria que complementou minha própria jornada em muitos sentidos. Ela e o compositor/engenheiro de som Kevin Kossi trabalham juntos usando frequências sincronizadas para alcançar estados alterados de consciência. Percebi logo que suas técnicas tinham um enorme potencial para me ajudar a alcançar aqueles reinos espirituais que eu queria revisitar. Fiquei pasmo ao perceber o poder que o trabalho deles tinha de me libertar das limitações do meu cérebro. Parte da técnica inclui buscar inspiração em frequências e harmonias encontradas no mundo natural e em acústicas encontradas em estruturas sagradas da antiguidade.

Nossos ancestrais tinham consciência de que o som era uma ferramenta para alcançar os reinos espirituais. O Princeton Engineering Anomalies Research (Programa de Pesquisas de Anomalias de Engenharia da Universidade de Princeton – Pear), fundado em 1979, passou muitas décadas estudando o papel da consciência na realidade física, incluindo investigações sobre arqueoacústica (o estudo das propriedades acústicas de locais ritualísticos da Antiguidade). Um dos estudos do Pear na Grã-Bretanha envolveu a medição da ressonância acústica em estruturas construídas pelo homem no mundo antigo. Apesar dos diferentes formatos e tamanhos dos recintos, descobriu-se que muitos ressonavam a uma frequência que variava de 95Hz a 120Hz. Esse intervalo é semelhante ao encontrado na amplitude vocal masculina. Especula-se que cantos humanos tenham ocorrido nestes locais, no intuito de alcançar estados profundos de consciência.

Segundo indica um estudo acústico realizado na Pirâmide de Gizé, no Egito, seus construtores incluíram deliberadamente componentes que criavam ressonância a amplitudes de frequência mais baixas (1Hz a 8Hz), associadas com meditação transcendental e estados oníricos. Visitantes modernos que estiveram dentro da Câmara do Faraó, no interior da Grande Pirâmide, relataram experiências místicas ao entoar cânticos e outros sons.

Muitas das catedrais medievais ao redor do mundo também são conhecidas por suas propriedades acústicas, que permitem que a música dos órgãos e os hinos dos corais reverberem nas estruturas e ofereçam uma experiência espiritual para seus frequentadores. Isso fica especialmente claro na Catedral de Chartres, na França. Como a Grande Pirâmide, Chartres foi construída para potencializar harmonias específicas. Cantos gregorianos soam especialmente potentes ali. O propósito era ajudar tanto os ouvintes quanto os cantores a se conectarem de forma mais pessoal com o Divino.

Como neurocirurgião, eu já sabia que apenas uma fração minúscula do neocórtex é dedicada a gerar e compreender discursos e produzir pensamentos conscientes. No início da década de 1980, os experimentos de Benjamin Libet e outros pesquisadores revelaram que a pequena voz em nossas cabeças, o "cérebro linguístico", não é quem toma as decisões em nossa consciência. Este cérebro linguístico, intimamente ligado ao ego e ao conceito do eu, é apenas um espectador – ele é informado de decisões conscientes entre 100 e 150 milissegundos depois que tais decisões são tomadas. A origem dessas escolhas é um mistério muito mais profundo. O Dr. Wilder Penfield, um dos neurocirurgiões mais renomados do século XX, declarou em seu livro *The Mystery of the Mind* (O mistério da mente), de 1975, que a consciência não é *criada* pelo cérebro físico. Durante décadas estimulando eletricamente os cérebros de pacientes despertos, ele descobriu que aquilo a que nos referimos como livre-arbítrio, consciência ou mente *influencia* o cérebro, e *não* é criado por ele.

A verdadeira profundidade da consciência acessível só ficou clara para mim depois que voltei do coma e comecei a meditar. As meditações potencializadas por sons me ajudaram a desligar aquele fluxo constante de pensamentos (*não* a consciência) e entrar em contato com o *observador* interno desses pensamentos, trazendo minha percepção para mais perto do meu verdadeiro eu. Ao desabilitar temporariamente a tagarelice do cérebro linguístico (ego/eu) e desenvolver nossa percepção por meio da meditação, começamos a acessar a verdadeira natureza da consciência e da existência.

Como nos diferentes relatos de EQM, cada indivíduo experimenta essa percepção de forma distinta. Com a ajuda da meditação, consegui retornar aos reinos espirituais. Também fui capaz de me comunicar com a alma do meu pai, tão perturbadoramente ausente da minha experiência de quase morte. Algumas pessoas relatam que a meditação lhes trouxe inspiração criativa, mais concentração, recuperação de memórias de infância perdidas, ampliação da percepção e da intuição, e até mesmo contato com reinos não físicos. Como cada jornada é única, as possibilidades são ilimitadas. A dádiva da percepção nos oferece a chance de explorar a verdadeira natureza da consciência e da nossa conexão com tudo o que existe.

Quando cada um de nós despertar para o fato de que a percepção individual é parte de uma consciência universal muito mais ampla, a humanidade entrará na fase mais grandiosa de sua história, pois teremos uma compreensão mais profunda da vida. Isso envolverá a consolidação de sabedorias milenares, uma aliança entre ciência e espiritualidade e uma convergência dos maiores conceitos já elaborados sobre a nossa existência. As respostas estão dentro de cada um.

Você está pronto?

AGRADECIMENTOS

Durante minha fantástica odisseia desde que voltei do coma, em novembro de 2008, fui abençoado pela ajuda e pelo incentivo de milhares de pessoas do mundo todo, cujas incontáveis cartas, e-mails e conversas me trouxeram força e convicção. Meus sinceros agradecimentos a todas elas (especialmente àquelas cujas histórias foram incluídas neste livro).

À minha irmã Phyllis Alexander, que tem sido uma enorme bênção para mim e para muitos outros ao me ajudar a estabelecer uma conexão genuína com aqueles que entram em contato comigo. À minha sobrinha Dayton Slye, que também tem auxiliado muito nesta tarefa.

A Karen Newell, minha alma gêmea em todos os sentidos, por dividir sua paixão e seu conhecimento comigo e me ajudar a trazer o amor para este mundo e transformá-lo em um lugar melhor.

À minha agente literária, Gail Ross, e seus colaboradores, Howard Yoon, Dara Kaye (que, juntamente com minha irmã Phyllis, tem sido responsável por manter minha agenda sob controle), Anna Sproul-Latimer e a todos os demais na Ross Yoon Agency.

À Priscilla Painton, vice-presidente e editora-executiva, Jonathan Karp, vice-presidente executivo e editor, Hadley Walker, Anne Tate Pearce e tantos outros colaboradores da Simon & Schuster por sua visão, paixão e empenho fora de série.

Ao meu coautor, Ptolemy Tompkins, por seu grande conhecimento, inteligência e habilidade com a escrita.

A Raymond e Cheryl Moody, Bill Guggenheim, John Audette, Edgar Mitchell, Elizabeth Hare, Bob Staretz, Gary e Rhonda Schwartz e muitos outros que ajudaram a desenvolver o portal Eternea.org para levar ao público informações sobre a física da consciência e a convergência entre ciência e espiritualidade.

A Bruce Greyson, Ed Kelly, Emily Williams Kelly, Jim Tucker, Ross Dunseath e todos os cientistas da Division of Perceptual Studies (Divisão de Estudos de Percepção – Dops) da Universidade da Virgínia, por sua coragem de levar a ciência a um conhecimento mais amplo.

A diversos outros amigos que contribuíram enormemente durante a minha jornada: Jody Hotchkiss, Chuck Blitz, Ram Dass, Gary Zukav e Linda Francis, Kevin e Catherine Herrmann Kossi, Alexandre Tannous, Anita e Danny Moorjani, Michael e Margie Baldwin, Virginia Hummel, Bharat Mitra e Bhavani Lev, Debra Martin e Sheri Getten, Larry Dossey, Pim van Lommel, Gary Gilman, Michael e Suzanne Ainslie, Joni Evans, Mary Wells Lawrence, Terre Blair Hamlisch, Judith Caldwell, Alex e Jean Trebek, Terri Beavers, Jay Gainsboro, Ryan Knighton, e muitos outros.

Acima de tudo, à minha família por seu amor sem limites e apoio: meus filhos, Eben IV e Bond, que são presentes de Deus; meus pais amados, Betty e Eben Alexander Jr.; minhas irmãs Jean, Betsy e Phyllis; minha ex-mulher Holley Bell Alexander; minha amorosa família biológica, em especial minha irmã biológica falecida, também chamada Betsy, que eu nunca cheguei a conhecer neste mundo. Ela continua a ajudar milhões de pessoas com sua alma repleta de amor.

Minha gratidão, especialmente a Deus, não pode ser expressada em palavras.

– Eben Alexander

★ ★ ★

Trabalhar com Eben foi uma das grandes aventuras da minha vida. Além dele e da minha editora Priscilla Painton, gostaria de agradecer a Kate Farrell, Jerry Smith, Gene Gollogly, Art Klebanoff, Terry McGovern, Karl Taro Greenfeld, Bill Manning, Alexander Vreeland, Sydney Tanigawa, Sophia Jimenez, Steve Sittenrich, Phil Zaleski, Ralph White, Chris Bamford, Richard Ryan, Richard Smoley, Oliver Ray, Bokara Legendre, Michael Baldwin, Elise Wiarda, Dave Stang, Gary Lachman, Mitch Horowitz, Godfrey Cheshire, Rene Goodale, Robin e Stuart Ray e especialmente à minha esposa, Colleen, e às minhas enteadas, Evie, Lulu e Mara.

– Ptolemy Tompkins

BIBLIOGRAFIA

Alexander III, Eben Dr. *Uma prova do céu: A jornada de um neurocirurgião à vida após a morte*. Rio de Janeiro: Sextante, 2013.

_______ e Karen Newell. *Seeking Heaven: Sound Journeys into the Beyond*. Nova York: Simon & Schuster Audiobooks, 2013.

Anderson, William. *Dante the Maker*. Londres: Hutchison, 1983.

_______. *The Face of Glory: Creativity, Consciousness and Civilization*. Londres: Trafalgar Square, 1996.

Arkle, William. *A Geography of Consciousness*. Londres: Neville Spearman, 1974.

Arkle é pouco conhecido atualmente, mas é um pensador extraordinário cujas experiências possuem incríveis pontos de contato com a minha.

Bache, Christopher. *Dark Night, Early Dawn: Steps to a Deep Ecology of Mind*. Albany: State University of New York Press, 2000.

Baker, Mark C. e Stewart Goetz, org. *The Soul Hypothesis: Investigations into the Existence of the Soul*. Londres: Continuum International, 2011.

Blackhirst, Rodney. *Primordial Alchemy and Modern Religion: Essays on Traditional Cosmology*. San Rafael, CA: Sophia Perennis, 2008.

É surpreendente quantas visões totalmente distintas existem sobre o pensamento de Platão. Esta fascinante coletânea de ensaios é leitura obrigatória para qualquer um interessado no que o filósofo significa para nós atualmente.

Bucke, Maurice. *Cosmic Consciousness: A Study in the Evolution of the Human Mind*. Nova York: Dutton, 1956.

Chalmers, David J. *The Conscious Mind: In Search of a Fundamental Theory*. Oxford: Oxford University Press, 1996.

Corbin, Henry. *The Man of Light in Iranian Sufism*. Tradução de Nancy Pearson. Omega Publications, 1994.

_______. *Spiritual Body and Celestial Earth*. Tradução de Nancy Pearson. Princeton: Princeton University Press, 1989.

_______. *Alone with the Alone: Creative Imagination in the Sufism of Ibn 'Arabi*. Tradução de Ralph Manheim. Princeton: Princeton University Press, 1998.

Crookall, Robert. *The Supreme Adventure: Analyses of Psychic Communications.* Londres: James Clarke, 1961.

Dalai-Lama (Sua Santidade o Dalai-Lama). *A Profound Mind: Cultivating Wisdom in Everyday Life.* Nova York: Harmony Books, 2012.

_______. *The Universe in a Single Atom: The Convergence of Science and Spirituality.* Nova York: Broadway Books, 2005.

De Chardin, Teilhard. *Christianity and Evolution: Reflections on Science and Religion.* Tradução de René Hague. San Diego: Harcourt Brace Jovanovich, 1971.

_______. *The Heart of Matter.* Tradução de René Hague. San Diego: Harcourt Brace Jovanovich, 1978.

Delbrück, Max. *Mind from Matter: An Essay on Evolutionary Epistemology.* Blackwell Scientific Publications, 1986.

Devereux, Paul. *Stone Age Soundtracks: The Acoustic Archaeology of Ancient Sites.* Londres: Vega, 2002.

Dossey, Larry. *One Mind: How Our Individual Mind is Part of a Greater Consciousness and Why It Matters.* Carlsbad, CA: Hay House, 2013.

Dossey resume as mais recentes pesquisas sobre a consciência e suas implicações para todos nós.

_______. *The Power of Premonitions: How Knowing the Future Can Shape Our Lives.* Nova York: Dutton, 2009.

Elder, Paul. *Eyes of an Angel: Soul Travel, Spirit Guides, Soul Mates and the Reality of Love.* Charlottesville, VA: Hampton Roads, 2005.

Elkington, David e Paul Howard Ellson. *In the Name of the Gods: The Mystery of Resonance and the Prehistoric Messiah.* Sherborne, UK: Green Man Press, 2001.

Findlay, J. N. *The Transcendence of the Cave.* Londres: George Allen & Unwin, 1967.

Fontana, David. *Is There an Afterlife? A Comprehensive Overview of the Evidence.* Ropley, UK: IFF Books, 2005.

_______. *Life Beyond Death: What Should We Expect?* Londres: Watkins, 2009.

Fontana é um dos meus autores preferidos e também de Ptolemy. Estes dois livros são clássicos.

Fox, Mark. *Religion, Spirituality and the Near-Death Experience.* Nova York: Routledge, 2002.

_______. *Spiritual Encounters with Unusual Light Phenomena: Lightforms.* Cardiff: University of Wales Press, 2008.

Godwin, Joscelyn. *The Golden Thread: The Ageless Wisdom of the Western Mystery Traditions.* Wheaton, IL: Quest Books, 2007.

Groll, Ursula. *Swedenborg and New Paradigm Science.* Tradução de Nicholas Goodrick-Clarke. West Chester, PA: Swedenborg Foundation Publishers, 2000.

Grosso, Michael. *The Final Choice: Playing the Survival Game.* Walpole, NH: Stillpoint, 1985.

Guggenheim, Bill e Judy Guggenheim. *Hello from Heaven!* Nova York: Bantam Books, 1995.

Hale, Susan Elizabeth. *Sacred Space, Sacred Sound: The Acoustic Mysteries of Holy Places*. Wheaton, IL: Quest Books, 2007.

Happold, F. C. *Mysticism: A Study and an Anthology.* 3ª ed. Nova York: Penguin, 1990.

Um estudo fantástico sobre as mais variadas experiências místicas e um dos livros favoritos de Ptolemy.

Hardy, Alister. *The Spiritual Nature of Man*. Nova York: Clarendon Press, 1979.

Head, Joseph e Cranston, S.L. *Reincarnation: The Phoenix Fire Mystery: An East--West Dialogue on Death and Rebirth from the Worlds of Religion, Science, Psychology, Philosophy, Art, and Literature, and from Great Thinkers of the Past and Present*. Nova York: Julian Press, 1977.

Hogan, R. Craig. *Your Eternal Self.* S.l.: Greater Reality Publications, 2008.

Holden, Janice Miner, Bruce Greyson e Debbie James, org. *The Handbook of Near--Death Experiences: Thirty Years of Investigation*. Santa Barbara, CA: Praeger, 2009.

Houshmand, Zara, Robert B. Livingston e B. Alan Wallace., org. *Consciousness at the Crossroads: Conversations with the Dalai-Lama on Brain Science and Buddhism*. Ithaca, NY: Snow Lion, 1999.

Jahn, Robert G. e Brenda J. Dunne. *Margins of Reality: The Role of Consciousness in the Physical World.* Nova York: Harcourt Brace Jovanovich, 1987.

Jung, C.G. *Synchronicity: An Acausal Connecting Principle*. Princeton: Princeton University Press, 2010.

_______. *Memories, Dreams, Reflections*. Gravado e editado por Aniela Jaffé. Nova York: Vintage, 1987.

Kason, Yvonne e Teri Degler. *A Farther Shore: How Near-Death and Other Extraordinary Experiences Can Change Ordinary Lives*. Nova York: HarperCollins, 1994. (Republicado como *Farther Shores*, iUniverse, 2008.)

Kelly, Edward F., Emily Williams Kelly, Adam Crabtree, Alan Gauld, Michael Grosso e Bruce Greyson. *Irreducible Mind: Toward a Psychology for the 21st Century.* Lanham, MD: Rowman & Littlefield, 2007.

Knight, F. Jackson. *Elysion: On Ancient Greek and Roman Ideas Concerning a Life After Death*. Londres: Rider, 1970.

Um olhar verdadeiramente revolucionário sobre o que os antigos realmente pensavam a respeito da morte e da vida após a morte por um grande acadêmico.

Kübler-Ross, Elisabeth. *On Life after Death*. Berkeley, CA: Ten Speed Press, 1991.

Lachman, Gary. *The Caretakers of the Cosmos: Living Responsibly in an Unfinished World*. Londres: Floris Books, 2013.

Como podemos enquadrar as descobertas feitas sobre o mundo espiritual na maneira como vivemos na Terra aqui e agora? Lachman oferece um estudo fascinante sobre as possíveis respostas a esse questionamento.

LeShan, Lawrence. *A New Science of the Paranormal: The Promise of Psychical Research*. Wheaton, IL: Quest Books, 2009.

Libet, B., C.A. Gleason, E.W. Wright e D.K. Pearl. "Time of conscious intention to act in relation to onset of cerebral activity (readiness-potential): The unconscious initiation of a freely voluntary act". *Brain* 106 (1983): 623–42.

Libet, Benjamin. *Mind Time: The Temporal Factor in Consciousness*. Cambridge, MA: Harvard University Press, 2004.

Lockwood, Michael. *Mind, Brain & the Quantum: The Compound 'I'*. Oxford: Basil Blackwell, 1989.

Lorimer, David. *Survival? Body, Mind and Death in the Light of Psychic Experience*. Londres: Routledge & Kegan Paul, 1984.

_______. *Whole in One: The Near-Death Experience and the Ethic of Interconnectedness*. Nova York: Arkana, 1991.

MacGreggor, Geddes: *Reincarnation as a Christian Hope*. Londres: Macmillan, 1982.

Maxwell, Meg e Verena Tschudin. *Seeing the Invisible: Modern Religious and Other Transcendent Experiences*. Londres: Arkana, 1990.

Uma excelente investigação das experiências místicas/transcendentais contemporâneas com uma grande amostragem de relatos do Centro de Pesquisa de Experiências Religiosas de Alister Hardy.

Mayer, Elizabeth Lloyd. *Extraordinary Knowing: Science, Skepticism, and the Inexplicable Powers of the Human Mind*. Nova York: Bantam, 2007.

McMoneagle, Joseph. *Mind Trek: Exploring Consciousness, Time, and Space Through Remote Viewing*. Charlottesville, VA: Hampton Roads, 1993.

_______. *Remote Viewing Secrets: A Handbook*. Charlottesville, VA: Hampton Roads, 2000.

Medhananda. *With Medhananda on the Shores of Infinity*. Pondicherry, Sri Mira Trust, 1998.

Monroe, Robert A. *Far Journeys*. Nova York: Doubleday, 1985.

_______. *Journeys Out of the Body*. Nova York: Doubleday, 1971.

_______. *Ultimate Journey*. Nova York: Doubleday, 1994.

Moody, Raymond A., Jr. *Life After Life: The Investigation of a Phenomenon – Survival of Bodily Death*. Nova York: HarperCollins, 2001.

_______ e Paul Perry. *Glimpses of Eternity: Sharing a Loved One's Passage from This Life to the Next*. Nova York: Guideposts, 2010.

Moorjani, Anita. *Dying to Be Me: My Journey from Cancer, to Near Death, to True Healing*. Carlsbad, CA: Hay House, 2012.

Murphy, Michael. *The Future of the Body: Explorations into the Further Evolution of Human Nature*. Nova York: Tarcher, 1993.

O livro de Murphy é inigualável enquanto catálogo das possibilidades humanas, além de um baú de tesouro de informações.

Nicolaus, Georg. *C. G. Jung and Nikolai Berdyaev: Individuation and the Person.* Nova York: Routledge, 2011.

Um livro brilhante sobre Jung e outro grande visionário da mente do século XX.

Pagels, Elaine. *Beyond Belief: The Secret Gospel of Thomas.* Nova York: Random House, 2003.

_______. *The Gnostic Gospels.* Nova York: Vintage Books, 1979.

Penfield, Wilder. *The Mystery of the Mind: A Critical Study of Consciousness and the Human Brain.* Princeton, NJ: Princeton University Press, 1975.

Penrose, Roger. *Cycles of Time: An Extraordinary New View of the Universe.* Nova York: Knopf, 2010.

_______. *The Emperor's New Mind.* Oxford: Oxford University Press, 1989.

_______. *The Road to Reality: A Complete Guide to the Laws of the Universe.* Nova York: Vintage Books, 2007.

_______. *Shadows of the Mind.* Oxford: Oxford University Press, 1994.

Penrose, Roger, Malcolm Longair, Abner Shimony, Nancy Cartwright e Stephen Hawking. *The Large, the Small, and the Human Mind.* Cambridge: Cambridge University Press, 1997.

Puryear, Herbert Bruce. *Why Jesus Taught Reincarnation: A Better News Gospel.* Scottsdale, AZ: New Paradigm Press, 1992.

Radin, Dean. *The Conscious Universe: The Scientific Truth of Psychic Phenomena.* Nova York: HarperCollins, 1997.

_______. *Entangled Minds: Extrasensory Experiences in a Quantum Reality.* Nova York: Simon & Schuster, 2006.

_______. *Supernormal: Science, Yoga, and the Evidence for Extraordinary Psychic Abilities.* Nova York: Random House, Inc., 2013.

Raine, Kathleen. *W. B. Yeats and the Learning of the Imagination.* Dallas: Dallas Institute Publications, 1999.

Ramakrishna, Sri. *The Gospel of Sri Ramakrishna.* Tradução de Swami Nikhilananda. Nova York: Ramakrishna-Vivekananda Center, 1980.

Ring, Kenneth e Sharon Cooper. *Mindsight: Near-Death and Out-of-Body Experiences in the Blind.* Palo Alto, CA: William James Center for Consciousness Studies at the Institute of Transpersonal Psychology, 1999.

_______ e Evelyn Elsaesser Valarino. *Lessons from the Light: What We Can Learn from the Near-Death Experience.* Nova York: Insight Books, 1998.

Robinson, Edward. *The Original Vision: A Study of the Religious Experience of Childhood.* Nova York: Seabury Press, 1983.

Uma bela exploração das experiências espirituais de crianças, usando grande parte do material de Hardy discutido neste livro.

Rosenblum, Bruce e Fred Kuttner. *Quantum Enigma: Physics Encounters Consciousness.* Nova York: Oxford University Press, 2006.

Russell, Peter. *From Science to God: A Physicist's Journey into the Mystery of Consciousness.* San Francisco: New World Library, 2004.

Schrödinger, Erwin. *What Is Life? With Mind and Matter and Autobiographical Sketches* (Canto Classics). Cambridge: Cambridge University Press, 1992.

Schwartz, Stephan A. *Opening to the Infinite: The Art and Science of Nonlocal Awareness.* Buda: Nemoseen Media, 2007.

Sheldrake, Rupert. *Science Set Free: 10 Paths to New Discovery.* Nova York: Deepak Chopra Books, 2012.

Singer, Thomas. *The Vision Thing: Myth, Politics and Psyche in the New World.* Nova York: Routledge, 2000.

Smith, Houston. *The Way Things Are: Conversations with Huston Smith on the Spiritual Life.* Editado por Phil Cousineau. Los Angeles: University of California Press, 2003.

Smoley, Richard. *The Dice Game of Shiva: How Consciousness Creates the Universe.* San Francisco: New World Library, 2009.

_______. *Hidden Wisdom: A Guide to the Western Inner Traditions* (com Jay Kinney). Wheaton, IL: Quest Books, 2006.

_______. *Inner Christianity: A Guide to the Esoteric Tradition.* Boston: Shambhala, 2002.

Smoley é um guia fundamental para as tradições da Antiguidade, e para uma maior compreensão de como essas tradições podem trazer mais sentido para as nossas vidas na atualidade.

Stevenson, Ian. *Children Who Remember Previous Lives: A Question of Reincarnation.* Ed. rev. Jefferson, NC: McFarland, 2001.

Sudman, Natalie. *Application of Impossible Things: A Near Death Experience.* Huntsville, AR: Ozark Mountain, 2012.

Uma das experiências de quase morte mais surpreendentes e significativas já relatadas.

Sussman, Janet Iris. *The Reality of Time.* Fairfield, IA: Time Portal, 2005.

_______. *Timeshift: The Experience of Dimensional Change.* Fairfield, IA: Time Portal, 1996.

Talbot, Michael. *The Holographic Universe.* Nova York: HarperCollins, 1991.

Tarnas, Richard. *Cosmos and Psyche: Intimations of a New World View.* Nova York: Plume, 2007.

_______. *The Passion of the Western Mind: Understanding the Ideas That Have Shaped Our World View.* Nova York: Ballantine Books, 1993.

Tart, Charles T. *The End of Materialism: How Evidence of the Paranormal Is Bringing Science and Spirit Together.* Oakland, CA: New Harbinger, 2009.

Taylor, Jill Bolte. *My Stroke of Insight: A Brain Scientist's Personal Journey.* Nova York: Penguin, 2006.

TenDam, Hans. *Exploring Reincarnation.* Tradução de A. E. J. Wils. Londres: Arkana, 1990.

Tompkins, Ptolemy. *The Modern Book of the Dead: A Revolutionary Perspective on Death, the Soul, and What Really Happens in the Life to Come.* Nova York: Atria Books, 2012.

Traherne, Thomas. *Selected Poems and Prose.* Nova York: Penguin Classics, 1992.

Tucker, J. B. *Life Before Life: A Scientific Investigation of Children's Memories of Previous Lives.* Nova York: St. Martin's, 2005.

Uždavinys, Algis. *The Golden Chain: An Anthology of Pythagorean and Platonic Philosophy.* Bloomington, IN: World Wisdom Books, 2004.

Van Dusen, Wilson. *The Presence of Other Worlds: The Psychological and Spiritual Findings of Emanuel Swedenborg.* Nova York: Chrysalis Books, 2004.

Um livro muito acessível sobre os escritos muitas vezes herméticos e difíceis de Swedenborg e sobre as implicações de sua vida e obra.

Van Lommel, Pim. *Consciousness Beyond Life: The Science of Near-Death Experience.* Nova York: HarperCollins, 2010.

Outro clássico moderno.

Von Franz, Marie-Louise. *On Death & Dreams.* Boston: Shambhala, 1987.

_______. *Psyche and Matter.* Boston: Shambhala, 2001.

Walker, Benjamin. *Beyond the Body: The Human Double and the Astral Planes.* Londres: Routledge & Kegan Paul, 1974.

Weiss, Brian L. *Muitas vidas, muitos mestres.* Rio de Janeiro: Sextante, 2013.

Whiteman J. H. M. *The Mystical Life: An Outline of Its Nature and Teachings from the Evidence of Direct Experience.* Londres: Faber & Faber, 1961.

_______. *Old & New Evidence on the Meaning of Life: The Mystical World-View and Inner Contest.* Londres: Colin Smythe, 1968.

Wigner, Eugene. "The Unreasonable Effectiveness of Mathematics in the Natural Sciences". *Communications in Pure and Applied Mathematics* 13, nº 1 (1960).

Wilber, Ken., org. *Quantum Questions.* Boston: Shambhala, 1984.

Wilson, Colin. *Afterlife: An Investigation.* Nova York: Doubleday, 1987.

Yeats, William Butler. *The Collected Works of W.B. Yeats, Volume III: Autobiographies.* Nova York: Touchstone, 1999.

Zukav, Gary. *The Dancing Wu Li Masters.* Nova York: William Morrow and Company, Inc., 1979.

_______. *Seat of the Soul.* Nova York: Fireside Press, 1989.

CONHEÇA OUTRO TÍTULO DO AUTOR

Uma prova do céu

Cético, defensor da lógica científica e neurocirurgião há mais de 25 anos, o Dr. Eben Alexander viu sua vida virar do avesso quando passou por uma experiência que ele mesmo considerava impossível.

Vítima de uma meningite bacteriana grave, ficou em coma por sete dias. Enquanto os médicos tentavam controlar a doença, algo extraordinário aconteceu.

Eben embarcou numa jornada por um mundo completamente estranho. Sem consciência da própria identidade, foi mergulhando cada vez mais fundo nessa realidade difusa, onde conheceu seres celestiais e fez descobertas transformadoras sobre a existência da vida após a morte e a profunda relação que todos nós temos com Deus.

Quando os médicos já pensavam em suspender seu tratamento, o inesperado aconteceu: seus olhos se abriram. Ele estava de volta. Mas nunca mais seria o mesmo.

Aquela experiência o levou a questionar tudo em que acreditava até então. Afinal, como neurocirurgião, ele sabia que o que vivenciou não poderia ter sido uma mera fantasia produzida por seu cérebro, que estava praticamente destruído.

Analisando as evidências à luz dos conhecimentos científicos, o Dr. Eben decidiu compartilhar essa incrível história para mostrar que ciência e espiritualidade podem – e devem – andar juntas.

Narrado com o fascínio de um paciente que visitou o outro lado e com a objetividade de um médico que tenta comprovar a veracidade de sua experiência, este é um livro emocionante sobre a cura física e espiritual e a vida que se esconde nas diversas dimensões do Universo.

CONHEÇA OS CLÁSSICOS DA EDITORA SEXTANTE

1.000 lugares para conhecer antes de morrer, de Patricia Schultz

A História – A Bíblia contada como uma só história do começo ao fim, de The Zondervan Corporation

A última grande lição, de Mitch Albom

Conversando com os espíritos e *Espíritos entre nós*, de James Van Praagh

Desvendando os segredos da linguagem corporal e *Por que os homens fazem sexo e as mulheres fazem amor?*, de Allan e Barbara Pease

Enquanto o amor não vem, de Iyanla Vanzant

Faça o que tem de ser feito, de Bob Nelson

Fora de série – Outliers, de Malcolm Gladwell

Jesus, o maior psicólogo que já existiu, de Mark W. Baker

Mantenha o seu cérebro vivo, de Laurence Katz e Manning Rubin

Mil dias em Veneza, de Marlena de Blasi

Muitas vidas, muitos mestres, de Brian Weiss

Não tenha medo de ser chefe, de Bruce Tulgan

Nunca desista de seus sonhos e *Pais brilhantes, professores fascinantes*, de Augusto Cury

O monge e o executivo, de James C. Hunter

O poder do Agora, de Eckhart Tolle

O que toda mulher inteligente deve saber, de Steven Carter e Julia Sokol

Os segredos da mente milionária, de T. Harv Eker

Por que os homens amam as mulheres poderosas?, de Sherry Argov

Salomão, o homem mais rico que já existiu, de Steven K. Scott

Transformando suor em ouro, de Bernardinho

INFORMAÇÕES SOBRE A SEXTANTE

Para saber mais sobre os títulos e autores
da EDITORA SEXTANTE,
visite o site www.sextante.com.br
e curta as nossas redes sociais.
Além de informações sobre os próximos lançamentos,
você terá acesso a conteúdos exclusivos
e poderá participar de promoções e sorteios.

www.sextante.com.br

facebook.com/esextante

twitter.com/sextante

instagram.com/editorasextante

skoob.com.br/sextante

Se quiser receber informações por e-mail,
basta se cadastrar diretamente no nosso site
ou enviar uma mensagem para
atendimento@esextante.com.br

Editora Sextante
Rua Voluntários da Pátria, 45 / 1.404 – Botafogo
Rio de Janeiro – RJ – 22270-000 – Brasil
Telefone: (21) 2538-4100 – Fax: (21) 2286-9244
E-mail: atendimento@esextante.com.br